HOW WE SHOULD VIEW THE CURRENT CONSTITUTION OF JAPAN

「現行日本国憲法」をどう考えるべきか

天皇制、第九条、そして議院内閣制

大川隆法

Ryuho Okawa

まえがき

私はすでに「新・日本国憲法 試案」というものも発表している。それは聖徳太子の「十七条憲法」に似たスタイルの、プラグマティックな考え方をも加味した規範的な近未来憲法である。だが、幸福実現党の現状及び、その影響力からみると、まだ当分の間、現行日本国憲法の解釈とその一部修正案の検討という過渡的な考え方も必要だと考えた。

そこで本書では、大きくは三つほどの論点に絞って、現行憲法の解釈について、私見を述べた。天皇制、第九条、そして議院内閣制についてである。私の考えを理解する上で、より情報量が豊かになったと思う。

現行憲法には、まだ多々論点があるので、折々に新しい論点を追加するつもりである。憲法は単に、字句の解釈をしておれば済むものではなく、その底に、哲学、法哲学、政治哲学が必要であり、価値観がからむものなので、広くは宗教思想がベースとして必要かと思う。

二〇一四年　一月二十九日

幸福《こうふく》の科学《かがく》グループ創始者兼総裁《そうししゃけんそうさい》
幸福実現党総裁《こうふくじつげんとうそうさい》
幸福《こうふく》の科学大学創立者《かがくだいがくそうりつしゃ》　大川隆法《おおかわりゅうほう》

「現行日本国憲法」をどう考えるべきか　目次

「現行日本国憲法」をどう考えるべきか

――天皇制、第九条、そして議院内閣制――

二〇一四年一月九日　収録

東京都・幸福の科学総合本部にて

1　「日本国憲法」について、今の考えを述べたい

「新・日本国憲法 試案」をめぐって

司会　本日は、大川隆法総裁より、質疑応答形式で、「現行日本国憲法をどう考えるべきか」を賜《たまわ》ります。

大川隆法　幸福実現党立党のときに「新・日本国憲法 試案」（二〇〇九年六月十五日書き下ろし。本書巻末資料①参照。『新・日本国憲法 試案』〔幸福の科

学出版刊）にも収録）を出したのですが、それは現時点では〝未来憲法〟ということになっており（笑）、まったく実行可能性がありません。そのため、今のところ、やはり現行憲法でいかざるをえません。

憲法改正については、「現行憲法の一カ条を改正するだけでも、現在の内閣がもつかどうか分からない」というぐらいの厳しさなのですが、「新・日本国憲法 試案」は、かなり〝すっ飛んで〟いて、〝三十世紀〟ぐらいまで飛んでいるらしいのです（笑）。

今日、パラパラッとその内容を見たのですが、そうとう大胆《だいたん》なことも言っているので、あれを読んでマスコミの人も頭がクラクラしているだ

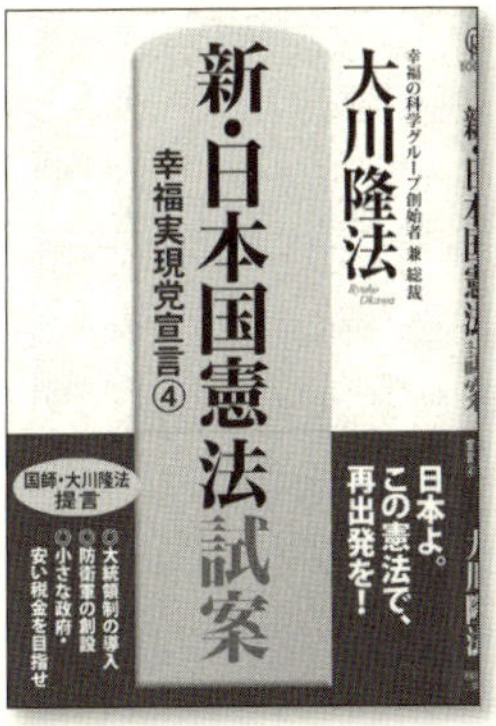

『新・日本国憲法 試案』
（幸福の科学出版）

ろうと思いました。「マスコミの責任」まで書いてあったりするので（第十二条「マスコミはその権力を濫用《らんよう》してはならず、常に良心と国民に対して、責任を負う。」）、胃袋が口から飛び出すぐらい驚《おどろ》くような案かと思うのですが、現時点では、そのまま使えません。

あの「憲法試案」だけを訴《うった》えていると、幸福の科学が現在の憲法体制を否定して、〝すっ飛んでいる〟ように見える面もあろうかと思うので、その実現までの段階として、「現行憲法の解釈《かいしゃく》や論点について、私が、どのような感想を持っているのか」ということぐらいは知っておかないといけないでしょう。

来年（二〇一五年）、幸福の科学大学の開学も予定されていますが、「未来創造コース」では、法律学のもとになる部分も考えています。

そこでは幾《いく》つかの基本法の勉強も始まると思うのですが、私の「憲法試案」

だけでは、憲法学の講義はできないと推定されます。「できない」ということであれば、それは、ある意味では、「自由放任」ということにもなりかねません。

そこで、「現行憲法のこの箇所《かしょ》については、これでよいが、これについては、ちょっとどうか」というような、感想に近いレベルの考え方でも述べておけば、少しは、考える参考になる面はあるのではないかと思っています。

現行憲法の重要論点に関し、「感想」を語る

大川隆法　同じ憲法をテーマにしても、いろいろと解釈は「右」から「左」まで分かれるので、どの程度の感触《かんしょく》で、「これは絶対に変えなくてはいけない」

「これでも悪くはないけれども、多少、修正したほうがよい」「これは、あえて言うほどではない」と思っているかとか、ニュアンスの違《ちが》いはあるでしょう。

幸福実現党の立党後、当会のみなさんは、四年半ぐらい政治活動をしてきています。広報部門などもありますが、いろいろなところから、いろいろな意見を聞いてきていて、「すり合わせをしたい」と思っている方もいるのではないでしょうか。

全部で百三条ある日本国憲法を逐条《ちくじょう》解説すると、もし一カ条を十分《じっぷん》で話しても千三十分になります。私ですと、これは本十冊分ぐらいになり、厳しかろうと思うので、ある程度、論点を絞《しぼ》りたいと思います。「新・日本国憲法 試案」のほうは、いったん解説しているので（前掲《ぜんけい》『新・日本国憲法 試案』参照）、これについては、そう深入りしなくて結構です。

現行憲法に関する論点のうち、当会において、まだはっきりしていないと思うようなところについて、すり合わせをしてみたいというか、感想程度かもしれませんが、話してみます。厳密に学説と判例とを踏《ふ》まえた上で、学問的な定義まで行うつもりは今のところありません。それには、もう少し緻密《ちみつ》な作業が要《い》ると思います。

ただ、「感触として、どのように思っているか」ということぐらいまでなら言えるかと思いますし、一般《いっぱん》の方に対しては、その程度でも十分にニュアンスが伝わるのではないかと思います。

時間的に全部に言及《げんきゅう》することは無理なので、ある程度、優先度を決め、重要論点について訊《き》いてくだされば結構ですし、あるいは、法律関係の教育者等に講義してもらうときに、どうしてほしいか言えないで困っている方もいるかもしれないので、そのへんについてもご質問くだされればと思います。

私は、今朝、日本国憲法の条文を一回も読まずに、ここに来ているので、まことに申し訳ございませんが、〝ずれて〟いましたら、自由なご意見を言ってくださって結構です。

2 「憲法のあり方」に対する二つの考え方

司会　それでは、質疑応答を賜《たまわ》ります。質問のある方は挙手願います。

A――　このたびは貴重な機会を賜り、まことにありがとうございます。

私からは、個別論点ではなく、やや大きな観点というか、総論的なかたちで、憲法のあり方や、あるべき姿について、質問させていただきたいと思います。

現在の憲法学においては、「近代立憲主義」や「社会契約《けいやく》思想」に基《もと》づいて、「憲法は国家権力を縛《しば》るもの」という考え方が支配的です。一方、『新・日本国

憲法 試案』や、聖徳太子《しょうとくたいし》の「十七条《じゅうしちじょう》憲法」のように、「神仏から降ろされた憲法」という考え方があります。

憲法に対しては、こうした二つの大きな考え方があって、後者のほうを、なかなか学者が理解できず、乖離《かいり》があるのですが、この両者を、どのように考えていけばよいのか、ご教示を賜れればと思います。

憲法は「公務員だけを縛《しば》るもの」なのか

大川隆法 先般《せんぱん》、司法試験の受験者がよく勉強に行く、司法試験の予備校の伊《い》藤真《とうまこと》さんが発言しておられるものを読んでいたら、「憲法は公務員を縛《しば》るものであって、国民を縛るものではないのだ」というような発言をされていました。

私より少し後輩《こうはい》に当たる方だと思われますが、司法試験に受かって弁護士資格を取られ、やがて予備校を開かれたのでしょう。

その伊藤さんが、そのようなことを言っておられるので、それを援用《えんよう》する人も数多くいると思います。

確かに、憲法には、「最高法規性」とその遵守《じゅんしゅ》について書いてあります。第九十九条には、【憲法尊重擁護《ようご》の義務】が定められ、「天皇又《また》は摂政《せっしょう》及《およ》び国務大臣、国会議員、裁判官その他の公務員は、この憲法を尊重し擁護する義務を負《お》ふ。」と書いてあります。

伊藤さんの考え方は、「憲法は、基本的には、公務員を縛るものであり、国民が、公務員の圧政というか、歯止めのない権力によって人権を侵害《しんがい》されるといけないので、公務員を縛るためにつくられたものだ」という考え方です。

これは、心情的に、やや「左」に傾《かたむ》いた方の考え方、「基本的人権」を主張するタイプの考え方であり、そのルーツは、「フランス革命」の流れを引いた民主主義の考え方です。伊藤さんはそれを肯定《こうてい》している方であろうと推定します。

憲法は、いろいろなものについて「考え方」を述べている

大川隆法　伊藤さんは、司法試験等の勉強を教えておられる専門家ではありますが、その憲法解釈《かいしゃく》に関しては、はっきり言って、当たっていないところもあります。

憲法に書いてあるので、「公務員を縛る」というところは、そのとおりです

が、憲法には、国民に対して意見を言っている部分もないわけではないからです。したがって、「公務員だけを縛っている」とは必ずしも言えません。

例えば、現行憲法には「納税の義務」も入っていますし、第二十七条一項《こう》に、「すべて国民は、勤労の権利を有し、義務を負ふ。」と書いてあるので、国民の義務もきちんと規定しているのです。

「憲法は公務員だけを縛るもの」という考え方は、憲法第二十七条に照らして間違《まちが》っています。専門家を批判してしまったら申し訳ないけれども、国民に関しても、「勤労の権利を有し、義務を負ふ。」と書いてあるのです。

ただ、働いていない国民はたくさんいるので、これは、いちおう形式上の希望的な条文で、「プログラム規定」（注。目標や指針等を示す条項）の一つかもしれません。

また、第二十七条三項には、「児童は、これを酷使《こくし》してはならない。」とあります。

これも「公務員を縛っているだけ」とは言えません。公務員には「監督《かんとく》する義務」はありますが、児童を酷使するのは、公務員ではなく、おそらく興行主《こうぎょうぬし》ないしは会社の社長であろうと思われますし、両親かもしれません。

それから、先ほど述べたように、第三十条は、【納税の義務】を定め、「国民は、法律の定めるところにより、納税の義務を負ふ。」と書いてあります。「国民」と書いてある以上、これは公務員だけを縛るものではなく、国民全体を縛っています。

そういう意味では、「憲法は公務員を縛るためだけにある」という考え方は、やはり、都合《つごう》のよい解釈であって、「憲法は、いろいろなものについて、意見、考え方を述べている」と見るべきだと思います。

基本的には、公務員に対し、「憲法遵守の度合いがしっかりしていなくてはいけない」ということが、〝重し〟としてかかっているのだと思いますが、実は、憲法を守っていないのは公務員のほうが多く、「これをあまり守っていない部分はあるな」と思う点は多々あります。

いちおう、「この憲法をもとにして各種の法律や法令等を定める」ということなので、その意味では「公務員を縛っている」と言えるでしょう。国会議員も公務員ですし、地方議員もそうですから、そういうことはあろうかと思います。

天皇制と「法の下《もと》の平等」の矛盾《むじゅん》

大川隆法　ただ、現行憲法を全体的に見ると、矛盾点《むじゅんてん》はあります。現行憲法は、「第一章　天皇」から始まっており、最初に天皇制について書いてあります（巻末資料②参照）。

私は、「憲法試案」で天皇制を第十四条に持ってきたため、以前、右翼《うよく》の〝ヘッド〟が三十人ほど幸福実現党に〝挨拶《あいさつ》〟にみえ、「第一条に戻《もど》せ」と言ったそうです（『保守の正義とは何か』〔幸福の科学出版刊〕参照）。

私としては天皇制が第一条でも別に構わないのですが、現行憲法の条文の順序を変えたら、どうなるでしょうか。

現行憲法では、第一条は天皇制から始まっていますが、第十四条には、【法の下《もと》の平等、貴族制度の否認、栄典の限界】に関する規定があり、その一項は、「すべて国民は、法の下に平等であつて、人種、信条、性別、社会的身分又は門地《もんち》により、政治的、経済的又は社会的関係において、差別されない。」となっています。

また、二項には、「華族《かぞく》その他の貴族の制度は、これを認めない。」とあり、三項には、「栄誉《えいよ》、勲章《くんしょう》その他の栄典の授与《じゅよ》は、いかなる特権も伴《ともな》はない。栄典の授与は、現にこれを有し、又は将来これを受ける者の一代に限り、その効力を有する。」とあります。

この第十四条を、日本国憲法の第一章第一条に持ってきて、天皇制は第二章に持ってきたら、どうなるかというと、たちまち、「矛盾するのではないか」

という議論が出るのです。

ところが、天皇制を先に出して、第十四条をあとに持ってきているため、順番に解釈していくと矛盾が分からなくなるようになっています。〝うまく〟できているのです。

第十四条を先に持ってくると、「あれ？　国民は平等と言っていますよねえ。では、天皇制は、どうなのでしょうか。天皇は国民ではないのでしょうか」と言われますが、いちおう天皇も「納税の義務」を負っています。その意味では、やはり、国民として一部認められてはいるのです。

しかし、天皇には名字（姓《せい》）がありません。あるとしたら、姓は〝日本〟、あとは下（名）だけです。そのように、天皇には普通《ふつう》の国民とは違う面もあり、実に難しいのです。税金をもらっているから、公務員と言えば公務員でもありますが、公務員ではないところも、やはりあるわけです。

現行憲法で天皇は「元首」なのか

大川隆法　ところで、現行憲法において、天皇は元首なのでしょうか。元首のように見えるところも確かにあります。

例えば、天皇は「内閣総理大臣の任命権」を認められています。

第六条では、【天皇の任命権】が定められており、一項には、「天皇は、国会の指名に基《もと》づいて、内閣総理大臣を任命する。」とあり、二項には、「天皇は、内閣の指名に基いて、最高裁判所の長《ちょう》たる裁判官を任命する。」とあります。

これは、「国会や内閣の指名に対して、天皇は逆《さか》らうことができない」という解釈を学者たちは立てて、「実質上、これは形式上の行為《こうい》であって、かたちだけだ」と言っているのですが、もし、かたちだけではなかったら、どうするのでしょうか。

すべての公務員は憲法を遵守しなければならないわけです。憲法を読めば、「天皇は、国会の指名に基いて、内閣総理大臣を任命する。」と書いてありますが、「任命権者である天皇が任命しなかったら、どうなるか」ということです。

内閣総理大臣は国会が選び、指名するので、天皇が自分では選べないかもしれませんが、「その人は嫌《いや》だ」ということを示せないわけではないのです。

例えば、天皇が葉山《はやま》の御用邸《ごようてい》に籠《こ》もって出てこなければ、永遠に内閣総理大臣は誕生しないかもしれません。

民主党の菅直人《かんなおと》政権ができるとき、天皇が葉山に行かれ、しばらく戻ってこなかったことがあります。四日ぐらいは帰ってこなかったと思います。

通常であれば、すぐに帰ってきて、署名するはずですが、「天皇陛下は葉山でご静養の予定です」と宮内庁《くないちょう》が言い、「予定を変えてまでサインをする義務はない」ということでした。

これが「わざと」かどうか、知りません。私は「わざと」に感じましたが、四日ほどご静養されたのちに帰京《ききょう》され、署名なされたようなので、不快感を表されたような印象を私は受けました（『今上《きんじょう》天皇・元首の本心 守護霊メッセージ』〔幸福の科学出版刊〕参照）。

ただ、そうした解釈は、新聞でさえ書いていないことであり、日程を見て私が感じただけの

『今上天皇・元首の本心
守護霊メッセージ』
（幸福の科学出版）

ことです。

天皇が総理大臣や最高裁長官を任命しなければ、どうなるのか

大川隆法　もし、もう少し剛毅《ごうき》で気の強い天皇陛下だった場合、どうなるでしょうか。

天皇家の教育では、できるだけ、自然科学など理科系の学問で、あまり人間社会に関係のないものを研究するようにされています。昭和《しょうわ》天皇は海洋生物を研究しておられましたし、今上天皇もハゼなどの魚類の研究をしておられます。また、今の皇太子さまも、中世の水路の研究など、あまり現代の政治や法律には関係のないことを勉強するようになさっています。

しかし、皇室にも、法律や政治に関心を持ち、「どうしても勉強したい」と言って、海外で法学博士か政治学博士のどちらかを取る人も、もしかしたら出てくるかもしれません。

そうすると、法律や政治に関する意見があったりすることもあるでしょう。

あるいは、今の皇太子さまが天皇になられ、雅子《まさこ》さまが皇后になられたとして、雅子さまは法律や政治、外交等のエキスパートであり、よく勉強なされているので、天皇陛下に対し、雅子さまが毎晩、「これは、こう解釈しなくてはいけない」などとご進講《しんこう》をされ、天皇陛下が「そうなんですか」と言い出して、例えば総理大臣を任命しなかったりしたときに、

『守護霊インタビュー 皇太子殿下に次期天皇の自覚を問う』（幸福の科学出版）

これを止《と》められるでしょうか。

これには罰則《ばっそく》規定はないのです。「これに反した天皇は罷免《ひめん》する」とは、どこにも書いていません。「退位する」とは何も書いていないのです。これに抵《てい》抗《こう》するものは何もありません。

また、天皇は、内閣総理大臣だけでなく、「最高裁判所の長たる裁判官」も任命できるので、それを任命しないことだってありえます。「病気を理由にして出てこない」ということもできるわけです。そうしたら、どうなるでしょうか。

では、「無理やり摂政《せっしょう》を立て、その人にサインさせるか」ということですが、そのときになったら、急に「元気になった」と天皇が言って、摂政を置かせず、そのあと、「また病気になった。やはり保養したい」などと言って、ずっと延ばしていくと、「組閣《そかく》できない」「最高裁長官が決まらない」という状態があるかもしれないのです。

明治《めいじ》天皇の時代であれば、天皇は実質上の権力者ですから、天皇が不快感を示されたら、内閣はすぐに総辞職し、交代しました。昭和天皇も同様で、戦争期までは、「首を縦に振《ふ》るか、横に振るか」によって、首相も替《か》わりました。もともと、「元首」とは、そういう立場なのです。

今の自民党の憲法改正案では、「天皇は、日本国の元首であり」という文言《もんごん》を入れたものになっていますが、天皇が元首であれば、天皇が首を横に振ると、総理大臣は、任命されなかったり、辞《や》めたりしなくてはいけませんし、天皇が「ほかの人に替えろ」と言ったら、総理大臣を替えなくてはいけなくなるだろうと思われるので、法律に基づかない行為によって、それが決められることはありうるわけです。

そういう意味で、現行憲法には隙《すき》が十分にあります。

天皇は、「納税の義務」は負っていますが、特別な権能も持っているのです。

このように、天皇は、内閣総理大臣を任命できますし、最高裁の長官も任命できるのですが、それに比べると、国会の議長は、あまり権力を持っているようには思えません。国会は「国権の最高機関」ではあるのですが、議長が権力を持っているとは言えない部分があり、いつでも、その代わりを務められる人はいるのです。

したがって、ここだけを取れば、「元首制」はすでに、現行憲法のなかにもあることになります。

ただ、解釈上、それができないように、天皇を縛っているわけです。

現行憲法には〝穴〟がたくさんある

大川隆法　通常の憲法解釈においては、「天皇は、第七条において列挙されている国事行為だけを行い、国政にかかわる権能は持たない」という解釈になっていて、「権力の行使に相当するようなものはできない」ということになっています。

天皇の国事行為としては以下のものがあります。

一　憲法改正、法律、政令及び条約を公布すること。
二　国会を召集《しょうしゅう》すること。
三　衆議院を解散すること。

四　国会議員の総選挙の施行《しこう》を公示すること。
五　国務大臣及び法律の定めるその他の官吏《かんり》の任免並びに全権委任状及び大使及び公使の信任状を認証すること。
六　大赦《たいしゃ》、特赦、減刑《げんけい》、刑の執行《しっこう》の免除及び復権を認証すること。
七　栄典を授与すること。
八　批准《ひじゅん》書及び法律の定めるその他の外交文書を認証すること。
九　外国の大使及び公使を接受すること。
十　儀式《ぎしき》を行ふこと。
このように書いてあります。

ただ、「天皇は国政に関する権能を持っていない」といっても、例えば、安《あ》倍《べ》内閣が憲法改正を行い、「国会を通し、国民投票で過半数を得た」と言っても、天皇がそれを公布しなかったら、どうなるのでしょうか。要するにサインしなかったら、どうなるのでしょうか。

政府からは、天皇の署名や押印《おういん》を要する書類を持った人が、いつも宮内庁のほうへ来ています。天皇にとって、そのサイン業務はかなり忙《いそが》しいようです。そういう仕事を、私は、それほどやりませんが、天皇の場合、それが、毎日のように、大量にあるらしいのです。

憲法改正や法律改正をしても、天皇が、もし、それに署名せず、公布しなかったらどうなるのでしょうか。やはり分からないわけです。

また、「国会を召集すること。」も天皇の国事行為になっていますが、これを、もし天皇がしなかったら、どうなるでしょうか。

今、タイでは、首都のあちこちを占拠《せんきょ》して国会を召集できないようにしようと、反政府勢力が、一生懸命《いっしょうけんめい》、頑張《がんば》っています（説法《せっぽう》当時）。

国会を召集できなければ、国会は存在しないのと同じになります。

これも、十分、解釈で変わる部分ではあります。

「衆議院を解散すること。」も天皇の国事行為です。天皇が国事行為として解散しなければ、衆議院は解散できないのです。これは大変です。

そのため、逆に、やろうとすれば、天皇が内閣総理大臣を操《あやつ》ることだってできるわけです。「俺《おれ》がオーケーと言わなかったら、おまえは実際には何一つできないんだぞ」ということだって言えなくはないのです。

国事行為には「大臣の任免の認証」も入っているわけですから、国務大臣だって天皇が選べるでしょう。それから、大使や公使の信任まで天皇がしなくてはいけないことになっています。

これは、全面的に「善良な天皇」が出てくることを前提としてできているわけですが、天皇が善良でなかった場合には、やはり危険性があります。

天皇が何かの病気で能力的にできないような場合には、皇太子などを摂政に立てることはできると思いますが、能力があって、一定の考えの下《もと》に自発的に判断をなされた場合には、天皇を〝取り締《し》まる〟ことは、実は、かなり難しいことになっているのです。

「元首」という考え方も、「どこまで許容するか」の定義のところは、極《きわ》めて難しいと思います。

元首には何ができるのでしょうか。

「大統領」と「首相」の両方がある国でしたら、大統領が元首ということになっているところが多いと思います。

例えば、ロシアのプーチン大統領の下《した》には「首相」がいますが、この場合には、いちおう任期があることはあります。ただ、彼には、「大統領の任期が終わったら、首相を務め、そのあと大統領に復帰する」という〝奥《おく》の手〟を使い、終身制に近づけようとして頑張っているところもあります。

中国では「国家主席」が元首に当たるのでしょうが、いちおう「二期十年」ということにはなっています。

北朝鮮《きたちょうせん》のトップでしたら、任期はないのと同じでしょうから、「全権を振るうと、ナンバーツーでも殺せる」というところもあるわけで、このへんの解釈には非常に難しい面はあるかと思います。

現行憲法は、今のところ、まだ解釈で護《まも》られています。敗戦の余波によって、解釈的に考え方として護られているのですが、法律的に見たら、まだ〝穴〟はたくさんあると言わざるをえません。

戦後、「天皇制の永続性」が担保されにくくなった

大川隆法　先ほど述べた第十四条にしても、その二項で、「華族その他の貴族の制度は、これを認めない。」と言いつつ、皇室は認めているので、これもやや中途半端《ちゅうとはんぱ》な規定と言わざるをえないでしょう。

戦前には、その華族制度があり、それによって「天皇制の永続性」のところが担保されている面があったことは事実です。万一《まんいつ》のときには、その華族のところから、天皇を補完する勢力を選ぶことができたのです。

ところが、周りの〝外堀《そとぼり》〟を埋《う》めてしまったため、近年は、秋篠宮《あきしののみや》さまに男

の子がお生まれになるまでは、「皇位を男系の男子が継承《けいしょう》する」とされていることとの関係で非常に揉《も》めました。

「女帝《じょてい》も認める法律を制定するかどうか」というところまで行きましたが、雅子さまのご体調がすぐれないことも、そうとう影響《えいきょう》があったでしょう。「法律を変えてまで、女帝も認めるかどうか」ということで揺《ゆ》れた面もあったと思います。

このへんのところもやや中途半端で難しいのです。

「国民は平等だから、華族や貴族を認めない」ということならば、これには、皇室のところにもかかわってくる面があります。皇室を存続させるのであれば、こういう、皇室を支える周辺の部分もないと困ります。

今、女子の皇族は、みな、結婚《けっこん》すると外に出され、民間人になってしまいま

●女帝も認める法律を制定するかどうか　現行の皇室典範は、第１条において、「皇位は、皇統に属する男系の男子が、これを継承する。」と定めている。

す。要するに、皇室費用を削《けず》るために、民間に行っているのですが、黒田清子《くろだ　さやこ》さん（今上《きんじょう》天皇の第一皇女）の場合には、やや気の毒な面がありました。都庁の職員のところへ嫁《とつ》ぎましたが、まったくの民間人にされてしまうと、今までの生活や権威《けんい》を維持《いじ》できない部分がありました。

結婚当初は、義母と夫がいる、3LDKもない普通のマンションで、お手伝いさんも置けないような狭《せま》い所に、何カ月間か住まなくてはいけないような状態で、十分ではない扱《あつか》いだったと私は思います。

また、美智子《みちこ》さまのように、皇室に入られ、皇后になられた方であっても、実家の正田《しょうだ》家は、相続税を払うために、正田邸を物納《ぶつのう》してしまいました。その後、更地《さらち》にされ、競売にかけられましたが、恐《おそ》ろしくて誰《だれ》も正田家の跡地《あとち》にはマンションなど建てられません。家を建てても、石を投げられるかもしれず、怖《こわ》くて建てられないため、今は公園になっています。

要《い》るかどうか分からない公園にされていますが、ああいうことも、よかったのかどうか、分かりません。「できれば建物を維持すべきだったのではないか」と思うところもあるのです。

戦後は「もの言わぬ感じ」になろうと努力された昭和《しょうわ》天皇

大川隆法　このように、不自由なところはたくさんあります。

このへんのところは非常にファジー（あいまい）になっていると思います。

今後については、これで十分かどうか、分からないところはあると思われます。

昭和《しょうわ》天皇の場合、戦前と戦中においては、自分の意向がそうとう通っていたので、戦後しばらくは、その癖《くせ》が抜《ぬ》けなかったようではあるのですが、しばらくして、「天皇が口出しをしてはいけないのだ」と考えるようになり、だんだん、「象徴《しょうちょう》」というか、「もの言わぬ感じ」になろうとなされ、「あ、そう」「あ、そう」としか言わないように努力されたようではあります。

昭和天皇は、戦前や戦中においては、内閣総理大臣の選び方等についても、具体的に口を出しておられたと聞いています。そして、「天皇が不快感を示されたら、内閣は総辞職する」というようなことは、やはり、あったようで、東《とう》條《じょう》内閣の総辞職も、その背景には天皇の不快感があったように聞いています。

そういう意味では、個人の考え方によって少し揺れる部分はあると思います。

天皇制の根拠《こんきょ》は、どこにあるか

大川隆法　「元首の定義をどうするか」という問題もあります。

外国の元首であれば、〝飾《かざ》り〟になることもできますが、実質上の権力を持っている元首もおりますし、「終身制の元首」ということであれば、民主主義制度との整合性のところでは、やはり議論の余地は残るのではないかと思います。

今の天皇のように、「『象徴』としてのみ存在し、決められたことのみを機械のように行い、ただただ『機能』を果たしていく」ということに耐《た》えられる人ならよいのですが、〝耐えられない人〟が出てきた場合には、当然、難しくなってくるでしょう。

民間から皇室に入られた方には、その不自由さに悲鳴を上げておられるようなところがあるので、「精神的に耐えられるかどうか」という面で限界はあるかもしれません。

その意味で、私は、「憲法試案」の解説では、「文化的象徴にしておいたほうが安全ではないか」というようなことを言いました（前掲《ぜんけい》『新・日本国憲法試案』参照）。

歴史上、よい天皇で、責任も取れるような天皇も、数多く出ていることは事実です。ただ、どちらかといえば、天皇は文化的象徴でした。「文化的」という言い方をしましたが、それは、一般に通用する言い方をしたまでで、実は、「宗教的伝統」としての天皇制だろうと思うのです。

「天照大神《あまてらすおおみかみ》の子孫」ということが、天皇の正統性の根拠《こんきょ》であり、これを認めず、いわゆる国民平等と民主主義だけでいけば、天皇制の根拠は極めて希薄《きはく》なものになるのです。

したがって、宗教を否定した下《もと》での「天皇制」あるいは「皇室」の基盤《きばん》は、非常に脆弱《ぜいじゃく》なものになります。

今の皇室はジワジワと押《お》されていると思うのです。

当会の霊言集《れいげんしゅう》が効いたのかもしれませんが、平成時代の天皇・皇后両陛下は、まだ生きておられるのに、ご自身が亡《な》くなられたときの葬儀《そうぎ》の仕方に言及《げんきゅう》され、土葬や「殯《もがり》」の習慣をなくそうとなされているようです（注。雅子妃《ひ》の守護霊《しゅごれい》は、「皇室では、殯など日本神道《しんとう》に昔から存在する秘儀のようなものが続いており、神道系の結界《けっかい》が張り巡《めぐ》らされていて、雅子妃は歩くに歩けないような状態である」という趣旨《しゅし》のことを述べている。『皇室の未来を祈《いの》って——皇太子妃・雅子さまの守護霊《しゅごれい》インタビュー——』（幸福の科学出版刊）参照）。

天皇が亡くなると、通常は、土葬にしますし、「一週間ぐらい、次の天皇になる方が横で添《そ》い寝《ね》をして、前天皇の霊力《れいりょく》を引き受ける」ということをしますが、これは日本神道の考え方なのです。

しかし、こういうものは、外から来られた元外交官の方（雅子妃）が見ると、驚《おどろ》くような習慣であり、怖く感じるでしょう。

（雅子さまの守護霊霊言《れいげん》で）「怖がっているらしい」という噂《うわさ》が入ったのだろうとは思われますが、「火葬にし、普通の埋葬《まいそう》にする」というよ

『皇室の未来を祈って』
（幸福の科学出版）

うなことを言われています。これは、かなり大胆《だいたん》なやり方です。

そういう、外から見て怖いような習慣を減らし、普通の民間人と同じような葬儀の仕方にしようとされていますし、お墓の敷地《しきち》も四分の一ぐらい縮めると言われているので、これは、だんだん、存続が厳しい方向に向かっているのではないかと思います。

高校の「日本史必修」を嫌《いや》がる左翼《さよく》勢力

大川隆法　「王権神授説《おうけんしんじゅせつ》」という、西洋の近代的な考え方に似ているのが、「天皇は神の子孫」という、天皇制の考え方ですが、一種の君主制である天皇制の下《もと》で、それと民主主義制とは両立するでしょうか。

天皇について、「今のように、実権は伴わないけれども、国全体の安定材料として、また、内閣はコロコロ替《か》わるなかで、『国体が維持されている』ということを象徴する意味で、存在してくれたほうがありがたい」という考え方を持っている国民は、おそらく八割ぐらいはいるのではないかと思うのです。

天皇制という制度そのものに反対しているつもりは、私にはありません。

ただ、もう一つ、これについても右翼《うよく》と左翼《さよく》では考え方が違うと思われる問題があります。

今日（二〇一四年一月九日）の朝日新聞の「天声人語《てんせいじんご》」を見ると、今の文部科学大臣が、「高校の日本史を必修にしよう」と言っていることに対して、「歴史というものには、いろいろと解釈の余地があるのだから、日本史必修は、いかがなものか」という感じのことが書いてありました。

日本史は、結局、天皇の歴史を中心にして回っているため、天皇制に触《ふ》れずして日本史は勉強できないのです。天皇のところを外し、庶民《しょみん》のつくった歴史だけを書くのは、なかなか難しい話であり、時代区分も天皇を中心にしてできています。

共産党、社民党、朝日新聞、テレビ朝日等は、もし絶対権力を持てば、当然ながら、天皇制廃止《はいし》に動くと思われますが、そういうところでは、「日本史を教えないほうがよい」ということになっているのでしょう。

日本の歴史を護《まも》るためには、天皇制の存続の担保が要《い》る

大川隆法　今、妥協《だきょう》点として、神話の部分を、なるべく教科書から外し、証拠《しょうこ》

が遺《のこ》っているところだけにするようなかたちで、だんだん、日本の歴史を〝縮《ちぢ》めよう〟とし始めています。

例えば、「持統《じとう》天皇は、実は、自分のことを天照大神に仮託《かたく》していたのではないか。女帝である自分を正統化するために、天照大神の権威を立てたのではないか」というところまで解釈が来ていたりします。

先日、橿原神宮《かしはらじんぐう》に行ったとき(注。二〇一三年十一月二十四日説法「日本建国の原点」のために奈良《なら》県を訪《おとず》れた)、そこには、バーンと、「皇紀二六七三年」と書いてありましたが、証拠が遺っているところだけにすると、これが千年ぐらいは縮まることになるので、解釈上は、かなり違いが出ます。

天皇を中心とする、日本の二千年以上の歴史、二千年、三千年の歴史を否定するのは損ですし、諸外国に対して日本の歴史を誇《ほこ》る意味でも、天皇制はあっ

●**持統天皇**(645 ～ 702)　第41代天皇(在位690 ～ 697)。天智天皇の娘で、天武天皇の后。天武天皇の死後、即位し、飛鳥浄御原令の施行、藤原京への遷都等を行い、孫(文武天皇)に皇位を譲って日本初の上皇となった。

たほうがよいとは思うので、何らかのかたちで、天皇制の温存ができるスタイルを考えたほうがよいとは思います。

ただ、判断責任が重くかかるような部分については、要注意の部分はあるように思います。

今述べたように、日本国内の左翼勢力は天皇制廃止の立場でしょう。

また、中国や韓国《かんこく》、北朝鮮等が、万一《まんいつ》、何らかのかたちで日本と戦争状態になり、日本が降参することにでもなれば、天皇制が廃止される可能性は極めて高いのです。中国や北朝鮮の人々は、日本が日の丸に代えて白旗を揚《あ》げた場合には、当然、天皇制を廃止させたいでしょう。

そういうこともあろうと思うので、日本の歴史を護《まも》るためには、何らかのかたちで天皇制の存続が担保できるようにはしておいたほうがよいと思うのです。

「歴史がある国」と「歴史のない国」の違《ちが》い

大川隆法　ただ、天皇については、「国民投票のようなもので左右されるような立場には置くべきではない」とは考えています。そういう立場に置くと、マスコミによる権力に揺さぶられる可能性もあると感じています。

歴代の天皇と同じで、徳ある天皇が出てくれれば、言うことはないのですが、実質上の権力を持っていないため、ご結婚をするのでも、けっこう苦労をなされているようです。

昔の天皇であれば、外に出ているとき、歌を歌っている村娘《むらむすめ》を見て気に入ったら、すぐに側室《そくしつ》にできるぐらいの権力をお持ちでしたが、今は、相手の女性の名前が週刊誌に挙がれば、すぐ一般人と結婚して〝逃《に》げていく〟ような状況《じょうきょう》が生じていて、まことにお気の毒です。これは「皇族になることを、〝囚《とら》われの身〟になるように思っている方が多い」ということだと思うのです。

皇室は、もう少し国民から尊敬を受けるようなものであってよいと思います。このへんのところは、戦後つくった憲法解釈から、もう一段、洗練されたものに進化する必要はあるのではないかと思っています。

近代のヨーロッパ等でつくられた近代的な考え方には、優《すぐ》れたところもありますが、それは、実質上、キリスト教が機能しなくなって、中世以降、教会権力と世俗《せぞく》権力との対立がかなり濃厚《のうこう》になってから、教会権力から離《はな》れるために、「国民の約束事に力を持たせる」というかたちで、教会を外してきた流れであろうとは思います。

片方が全部正しいとは思いませんし、また、国による違いが多少あることも構わないとは思っています。

今、タイにも、同じような問題があるのだと思います（『守護霊インタビュー タイ・インラック首相から日本へのメッセージ』『比較宗教学から観《み》た「幸福の科学」学・入門』〔共に幸福の科学出版刊〕参照）。確かに、「歴史のない国」から見れば、「歴史がある国」というのは、やはりすごいものだと思います。

先日、「出雲《いずも》」や「伊勢神宮《いせじんぐう》の式年遷宮《しきねんせんぐう》」の特集をしている番組がありました。

伊勢神宮では、二十年に一回、「式年遷宮」で、〝神様のお引っ越《こ》し〟が行われますが、これが、もう千年も続いているのです。

こういう日本からアメリカ合衆国を見ると、非常に気の毒な感じがするというか、「つい昨日《きのう》できたような国」に見えて、しかたがありません。

「二十年おきに、神様が引っ越しをする」という文化がある国は、向こうから見たら、原始人の国に見えるのかもしれませんが、こちらから見れば、「歴史がないということは寂《さみ》しいな。歴史がないからこそ、人間の約束だけで、やっているのだ」というように見えるところもあるのです。

「神秘的なるもの」「聖なるもの」に対する尊崇《そんすう》の念を

大川隆法　このへんは、「国民の考え方が、全体的に、どのように変わってくるか」ということによっても影響は受けると思います。
私は、学者、言論人、行政官、国会議員などが議論して決めていくことで、やってもよいとは思いますが、人間は過《あやま》ちを犯《おか》す存在なので、何らかのかたちで、「神秘的なるもの」や「聖なるもの」に対する尊崇《そんすう》の念のようなものを、少し残しておかなくてはいけません。人間が過ちを犯したときに、安定が悪いと思います。

「民意だけがすべてだ」といっても、民主党政権ができたときには、「七十パーセントの支持率」という民意があったにもかかわらず、二度も総理大臣が替わって、「結局、三人とも駄目《だめ》だった」ということになったため、今のところ、民主党には政権に戻れる見込《みこ》みはありません。

原因として、「民意が間違っていた」ということであれば、国民は責任を取らなくてはいけないのですが、責任を取って国民を辞めるかといったら、そういうわけにはいきません。あるいは、責任を取って、国民は納税額を倍にするかというと、やはり、そういうわけにもいかないので、基本的に責任を取らないのです。

人間的な議論には間違いも多いので、それを超《こ》えた部分が、何らかのかたちで、あってもよいのではないかと考えています。

近代的、合理的な考え方には、まだまだ工夫《くふう》の余地があります。変えていけるものは残しておいたほうがよいでしょうが、それを百パーセントにはしないほうがよいと思います。ただ、「それを、どういうかたちで残すか」は、また別の問題です。

日本は現在も本当は「祭政一致《さいせいいっち》の国」

大川隆法　天皇制への支持自体は、ある程度の数がありますし、今は、これに代わるものはないかもしれないので、現時点では、日本は天皇制を中心にしています。現在、日本は、本当は「祭政一致《さいせいいっち》の国」なのです。現在もそうです。

憲法学者が、上手に、それを言い逃《のが》れて、祭政一致ではないようなふりをしていますが、現実には、憲法の第一章が天皇制なのですから、実際には「祭政一致」であるとしか言いようがありません。「祭政一致ですが、ご神事《しんじ》や宗教性のところについては、事実上、骨抜きにしています」という言い訳をしているだけのことです。

そこに、幸福実現党という、宗教性を骨抜きにされないように意見を言うところが出てきたので、「うるさいな」と思っているところであり、国民の支持が増えないことをみんな祈っているのではないかと私は思うのです。支持が増えたら、彼らにとって大変なことになるからです。

黙《だま》ってボケッとしていてくれればよいのに、いろいろな意見を言ってくるから、うるさくて、しかたがなく、「(国政選挙での得票率で幸福実現党に)絶対に二パーセントを取らせてやるものか」と思って、〝頑張って〟いるところもあるかと思うのです。

日本国憲法第一章の第一条では、【天皇の地位・国民主権】を定め、「天皇は、日本国の象徴であり日本国民統合の象徴であつて、この地位は、主権の存する日本国民の総意に基《もと》づく。」と書いてありますが、天皇制支持で、右翼(保守)

と思われる渡部昇一《わたなべしょういち》氏であっても、「憲法に嘘《うそ》を書いてはいけないのに、嘘が書いてある」と言っています。

「国民の総意に基く」といっても、「国民の総意だ」ということが確認されたことはありません。国民投票をしたわけでもなく、総意でないことぐらいは、みな、分かっているので、単なる美称《びしょう》であり、「多数は支持しているであろう」という推測があるという以上ではないわけです。

そのため、「憲法に嘘を書いてはいけない」と彼も言っているのです。天皇制を支持している方が、そう言っているので、確かに〝嘘〟が書いてあり、最初から〝嘘〟なのです。

もちろん、日本国憲法の前文を読むと、もっと嘘は出てきます。

「フランス革命」には善悪の両方がある

大川隆法　とりあえず、あなたのご質問に答えれば、そういうことです。

私は、「天皇制ないし、それに準ずる何らかの神秘的な部分は残すべきだし、日本の歴史は反映したほうがよい」と思います。近代的な合理主義も、ある程度、使えるものは使いながら、それが全能ではなく、限界があることは知っておいたほうがよいと考えているのです。

近代的な、「三権分立《ぶんりつ》」や議会制民主主義については、まだまだ、手直しの余地がありますし、今後、新しい発明・発見がある可能性もあるので、それは、考え方としてはありうるのではないかと思います。

そうした、「人間の契約によって政治等ができる」という考え方のなかには、もともと、「悪王を縛る」という考え方があったのでしょうが、それには、神を否定するところまで踏《ふ》み込んでいる部分もあることはあるので、やや心配な面は残っているのです。

「フランス革命」等については、私としても、いまだに何とも曰《いわ》く言いがたくて、明確に意見が言えないでいるところがあります。善悪の両方があるように見えて、しかたがないのです。そのような感じがして、しかたがありません。

民主主義には、悪いほうに出れば、本当に怖い恐怖《きょうふ》政治になるようなところもあるので、民主主義といっても、そのまま、「完全によい」とは言えないところはあるわけです。

「平等」も、それを徹底《てってい》すれば、ものすごい〝殺人マシーン〟をつくり出すことができます。「収入の違いや学歴の違い、体の身長や体重の違い、男女の違い等まで全部を同じにしなくてはいけない」というところまで徹底してしまったら、大変なことになります。

ギリシャ神話ではないけれども、本当に、「ベッドの長さより大きかったら体を切られ、短かったら引き伸《の》ばされる」というようなことになったら、大変なことになるのです。

そのへんについては、高度な良識が支配しないと危ないところはあると思います。

3 「九条改正」についての考え方

B――　本日は本当にありがとうございます。

私からは、「やはり重要だ」と思いますので、憲法九条に関しまして、改めてご質問させていただきます。

マスコミの世論《せろん》調査においても、かなりの方が「九条改正」の必要性を感じておられ、「憲法九条の改正は必要だ」という国民世論ができつつあります。

また、衆参国会議員の三分の二以上とまではまだ言えないと思うのですが、かなりの数の国会議員の方が、そういう考え方を持つ時代になってきました。

ただ、戦後六十数年間で染《し》みついた、「平和主義を定めた憲法九条こそ、日本の国是《こくぜ》である」という考え方も、まだ、そうとう根強く残っている面もあります。

そして、独立国家としての当然の権利、自然法上の権利である自衛権につきましても、「集団的自衛権は、あるのか、ないのか。あるにしても、その行使は、許されるのか、許されないのか」というレベルの議論が、いまだに続いている状況《じょうきょう》です。

憲法全体の改正は、現状では、かなり難しいというか、まだそうとう時間がかかるかもしれませんが、幸福実現党といたしましては、喫緊《きっきん》の要務として、まずは憲法九条の改正を目指し、「新・日本国憲法 試案」では、「陸軍・海軍・空軍よりなる防衛軍を組織する。」（第五条）という条文を頂いておりますので、この方向で国民世論を喚起《かんき》してまいりたいと考えています。

自民党の「日本国憲法改正草案」においても、「国防軍を保持する」という条項がありますので、そのあたりでの連携《れんけい》も可能かと思っています。

ただ、こういった話を外部でしますと、「『軍隊を持つ』というのは、要は、『戦争をする』ということですね?」と言われることがあります。そこで、「いやいや、戦争といっても、侵略《しんりゃく》戦争をするわけではないのです」と答えると、「では、自衛と侵略の区別は、どこにあるのですか」というような質問を受けることも、現実にはよくあります。

憲法九条の改正機運《きうん》がようやく高まってきた折《おり》でもありますので、このあたりについて、大川総裁から改めてご教示を頂ければと存じます。

日本の今の憲法体制は〝サッカールール〟

大川隆法　はっきり言えば、この憲法体制は、日本に関しては、「足でボールを蹴《け》ってもよいし、胸にボールを当ててもよいけれども、手を使ってはならない。手でボールに触《ふ》れてはいけません」というサッカールールを当てはめています。

ところが、外国のほうは、サッカールールではなく、「手でボールを持っても構わない」という、ラグビールールなのです。

ただ、ラグビーのように、「後ろにしかパスできない」ということであれば、これは「防衛だけ」ということになりましょうが、前にも投げてよいところがほとんどです。

もちろん、中国だって、〝防衛〟のためにアジア侵略を目指しているのでしょうから、防衛といっても、解釈《かいしゃく》がいろいろあり、きりがないのです。

現行憲法の第二章「戦争の放棄《ほうき》」では、第九条一項《こう》に、「日本国民は、正義と秩序《ちつじょ》を基調とする国際平和を誠実に希求《ききゅう》し、国権の発動たる戦争と、武力による威嚇又《いかくまた》は武力の行使は、国際紛争《ふんそう》を解決する手段としては、永久にこれを放棄する。」とあり、同条二項には、「前項の目的を達するため、陸海空軍その他の戦力は、これを保持しない。国の交戦権は、これを認めない。」と書いてあります。

これを、素直《すなお》に読めば、「軍隊は持てないし、戦争もできない」ということになります。普通《ふつう》の人なら、そう読むでしょう。

そして、第十章「最高法規」では、第九十八条一項で、「この憲法は、国の最高法規であつて、その条規に反する法律、命令、詔勅《しょうちょく》及び国務に関するその他の行為《こうい》の全部又は一部は、その効力を有しない。」と書いてあるので、もし、この憲法九条に反しているのなら、自衛隊法というものをつくっても、それは効力を有しないことになります。

今のところ、裁判所は、「反している」とは解釈しないようにしていると思います。

ただ、法律の専門家でない人が素直に読めば、自衛隊は反しています。「あれは陸海空軍ではない」というのは無理な話で、「白馬《はくば》は馬にあらず」というたぐいのことでしょう。そうとしか言いようがないのです。

厳密に言えば反していると思います。反しているけれども、政府等は、「反していない」と言っているわけですし、国際紛争を解決する手段としては武力の行使ができないことになっていますが、実際上は、国連のPKO（平和維持《いじ》活動）やPKF（平和維持軍）などにチョコチョコ参加し、少し実績づくりをしたりもしているので、なし崩《くず》しにやっていこうとしているわけです。

憲法に〝嘘《うそ》〟があってよいのか

大川隆法　第九条二項に、「前項の目的を達するため」という文言《もんごん》を入れたのは（衆議院・憲法改正小委員会の）芦田《あしだ》委員長（のち首相）で、「芦田修正」といわれているものですが、これを入れ、「前項の目的を達するため、陸海空軍その他の戦力は、これを保持しない。国の交戦権は、これを認めない。」と言っています。

この「前項の目的を達するため」という文言を差し込《こ》んだため、「『国権の発動たる戦争と、武力による威嚇又は武力の行使は、国際紛争を解決する手段としては、永久にこれを放棄する』、つまり、そういう戦争はしないという目的を達成するため、陸海空軍その他の戦力は持たないと言っているだけであって、これ以外の目的なら持てる」という解釈の余地が生じ、そういう解釈も可能であると言われています。

「自然権から発する抵抗《ていこう》権、あるいは刑法《けいほう》で言う正当防衛に当たるようなことなどは、違法《いほう》性が阻却《そきゃく》されるのであれば、同じく、この『前項の目的を達するため』というものには当たらないので、そのためであれば、戦力も保持できれば、交戦権もある」というような、実に〝人を食《く》った解釈〟ではあるのですが、いちおう、「そういう解釈の余地を残すために、これを差し込んだ」という説もあることはあります。

ただ、先ほど述べたように、「天皇制は国民の総意に基《もと》づく」ということを「嘘《うそ》だ」と言うのなら、これだって、はっきり言えば、やはり嘘です。

日本はすでに〝空母部隊〟を持っている

大川隆法　自衛隊があれだけの軍事力を持っていながら、「あれは陸海空軍ではない」と言うことには、やはり、どう見ても無理があります。

「戦艦《せんかん》や巡洋艦《じゅんようかん》、駆逐艦《くちくかん》ではなく、護衛艦であるから、軍事用の軍艦ではない」などと言っていますが、最近では、護衛艦のなかに、「これは空母と違《ちが》うか」というものもあって、それを朝日新聞がついています。

これは、私が『宮澤喜一《みやざわきいち》元総理の霊言《れいげん》』（幸福実現党刊）の「あとがき」に書いたために追及《ついきゅう》された可能性もあります。「中国政府がまだ気づいていないことを望みたい」と、やや皮肉って書き、「日本の自衛隊が、すでに実質上の高性能空母を二隻《せき》持っている」ということを指摘《してき》したのです。

最も大きいものだと、全長約二百五十メートルの護衛艦があって、甲板《かんぱん》があります。これは第二次大戦中であれば空母の大きさです。戦艦

ヘリコプター搭載護衛艦「いずも」
（全長 248 メートル）

大和《やまと》の長さが二百六十三メートルなので、二百五十メートルもあったら、かなり巨大《きょだい》で、戦時中の第一線の空母の大きさです。

「せいぜい、ヘリコプター搭載《とうさい》護衛艦である」と言って、言い訳をしていますが、垂直離着陸《りちゃくりく》型の戦闘機《せんとうき》もあることはあるので、戦闘機だって十分に載《の》せられます。

オスプレイだけではなく、ジェット戦闘機でも、今のところ製造費が高いのですが、垂直に上がって飛ぶものがあるので、それを買えれば空母にできますし、多少、手を加えれば、昔の

ヘリコプター搭載護衛艦「ひゅうが」
(全長 197 メートル)
写真：海上自衛隊 HP より

タイプの空母としても使えないことはないでしょう。

日本は、空母として使えるような、二百五十メートルの護衛艦を持っていますし、二百メートル級のものも何隻か持っているのです。

中国で、一隻、空母が竣工《しゅんこう》しましたが、旧ソ連製の古い空母を買い取って改造しただけです。中国は、「できた、できた」と言っていますが、日本は、すでに〝空母部隊〟を持っていて、少なくとも四隻から六隻ぐらいは、もう持っている可能性があるのですが、公表していないため、

旧ソ連製を改造した中国初の空母「遼寧《りょうねい》」
（2012 年就役）

よく分からないのです。特定秘密保護法ができたので、余計、報道できなくなってきます。

これは、ある意味で大事なことかもしれません。「憲法改正ができないのに、空母を持っている」というのは、まずいことなので、知られないほうがよく、「護衛艦でしょう」と言っておいたほうがよいかもしれないのです。

実質上は、少なくともヘリ空母は持っているのは間違いないので、対潜水艦《せんすいかん》攻撃《こうげき》は可能ですし、尖閣《せんかく》や竹島《たけしま》あたりで、あちらの軍艦が出てきたときに、それを攻撃する程度の軍用ヘリを出せるのは間違いありません。

それが「戦闘機まで載せられるかどうか」は、戦闘機の種類と、「機能の改造が要《い》るかどうか」ということにかかっていると思います。

中国に空母が入ったといっても、すでに述べたように、あれは、もともとは旧ソ連の空母で、向こうでは、すでに〝終わっているもの〟だったのです。「それを改造して使えるようになった」と言っていますが、最初は、「戦闘機を止めるワイヤーがつくれない」と言って騒《さわ》いでいたぐらいです。

映画「永遠の0《ゼロ》」で描かれている零戦《ゼロせん》を、七十年前の日本ではワイヤーで空母に止められたのに、そのワイヤーを中国は「国産でつくれない」と言って騒いでいて、ようやく最近、引っ掛《か》けられるようになったようです。そういう話もあるぐらいなので、日本の工業力をバカにしてはいけないと思うのです。

ただ、法律は変えられないので、「事実上」のところで、いろいろなことをゴソゴソとやってはいるようです。私は、これについては、やはり、もう少し正直なほうがよいのではないかと思います。国民に対しても、諸外国に対しても、正直であったらよいと思うのです。

憲法前文は「現代」には当てはまらない

大川隆法　日本の敗戦は、実際には無条件降伏《こうふく》ではないのですが、かたち上は「無条件降伏」をしたので、完全に武装解除をさせられました。本当にアメリカ軍は日本を「戦闘力ゼロ」にしたかったぐらいでしょうから、日本国憲法は、そのときの理想でつくられたものです。

日本国憲法の前文では、その半《なか》ばほどに、「日本国民は、恒久《こうきゅう》の平和を念願し、人間相互《そうご》の関係を支配する崇高《すうこう》な理想を深く自覚するのであつて、平和を愛する諸国民の公正と信義に信頼《しんらい》して、われらの安全と生存を保持しようと決意した。」と書いてあります。「諸国民は、みな、平和を愛する勢力で、日本だけが悪い国だ」ということを、自分で認めているわけです。

これは恥《はじ》です。恥は恥ですが、この文章には英語の原文がきちんとあります。アメリカからもらった英文を訳しただけなのです。主権国家として、言わせていただくならば、「よくも、ここまで書いて他人《ひと》に押《お》し付けたな」と言わざるをえません。そういうところがあるのです。

英文の原文があるのですが、今回は英語の授業ではないので、読みません。


「侵略《しんりゃく》国家に対して九条は適用されない」という政府解釈《かいしゃく》を

大川隆法　では、もし、憲法九条改正が間に合わず、他国から攻撃を受けるようなことがあった場合には、どうすればよいのでしょうか。

「この憲法の前文の趣旨《しゅし》から見て、日本国憲法は、周りが、全部、平和な国家であることを前提にしてつくられているので、平和を愛する諸国民ではない国が、侵略《しんりゃく》目的で攻撃してくるような場合には、例外が生じる」というように、政府が緊急解釈《かいしゃく》をして、やはり防衛せざるをえないのではないでしょうか。そういう案を私は出しています。

「侵略国家に対して九条は適用されない」というような解釈で逃《に》げるしか、今のところ方法がありませんが、正当には、やはり、これはきちんと改正すべきでしょう。

自衛隊の存在を憲法に明記すべきだと思います。

「集団的自衛権」は認められるか

大川隆法　自衛隊の役割について「防衛のみである」と言うのは簡単ですが、これも、解釈でどうにでもなるので、難しいことです。基本的には、やはり、「国際正義と調和して活動する」ということだと思うのです。

「防衛だけ」ということになると、「集団的自衛権」のところが引っ掛かってきます。今、集団的自衛権に反対する勢力がずいぶんありますが、「あそこのところで反対し、潰《つぶ》しておけば、憲法九条の改正にまで入れない」と考え、その前の〝砦《とりで》〟として反対しているのだろうと思います。

現実には、同盟国が攻撃を受けているときに、何もしないでよいのでしょうか。

例えば、尖閣で紛争が起きたとき、アメリカ軍が中国と交戦状態に入ってくれたとして、「日本は、自分のところが攻撃されたときには防衛できるが、アメリカ軍が攻撃されたときには防衛できない」ということであれば、これは軍事同盟として機能しているとは言えず、「日米安保《あんぽ》条約」を破棄されてもしかたがありません。普通の人間の頭で考えれば、どう考えても、これは違反でしょう。

そのため、「それはないでしょう。日本を護《まも》るために戦っていて、それで米軍が攻撃を受けているときに、『わが軍が攻撃されないかぎりは何もできないのです』と言うのでは、いくら何でもひどいのではないですか」という解釈は当然ありましょう。

したがって、このへんについては、やはり、「ある程度、国際正義に則《のっと》って判断する」という常識的な考え方があると思うのです。

「侵略目的でいくらでも自衛隊を使える」とまで考えたら、やりすぎでしょうが、トータルで見て、国際的に許される範囲《はんい》内のことはできなければいけないと思います。

例えば、シーレーン（海上交通路）を護るためには台湾《たいわん》も非常に大事な所ですが、「台湾が一方的に攻撃を受ける。当然、米軍の空母が出動する。しかし、中国本土からミサイル攻撃がなされ、空母が大破する。あるいは撃沈《げきちん》される」というようなとき、台湾に対する攻撃であるから、自衛隊は、まったく何もできないのでしょうか。

もし、中国が台湾を一方的に占拠《せんきょ》し、あそこを要塞《ようさい》化してしまった場合には、タンカー等、日本の艦船は、一切《いっさい》、あの近辺を通れなくなり、石油が日本に入ってこなくなります。

ところが、原発を廃止《はいし》しようとして、左翼《さよく》とマスコミが頑張《がんば》っています。原子力を使えず、石油も入ってこないとき、日本はどうなるでしょうか。ロシアから海底パイプで天然ガスを供給してもらっていたとしても、ロシアが、何かの拍子《ひょうし》で、「あちらと同盟する」と言い出した場合には、もうお手上げです。

メタンハイドレートを海に潜《もぐ》って採ってきてエネルギー化するか、「山の杉《すぎ》の木を切って木炭に変え、木炭飛行機や木炭船《せん》をつくる」などというような話になってしまうのです。

これについては、あまり手足を縛《しば》りすぎないで、やはり、「国際的な正義と秩序の安定」ということを考えて活動するべきだと思います。

国連は先の大戦の「戦勝国連合」

ています。

大川隆法　ただ、その場合も、「国連中心主義に限定するのはどうか」と思っています。

国連そのものは第二次世界大戦の戦勝国の連合であり、戦勝国の筆頭の五カ国が中心になっていて、その体制をずっと変えていません。

国連憲章に「敵国条項」があるなど、国連には、「戦った相手を復活させない」ということを目的にしてつくった部分があって、その延長線上に、それ以外の国での紛争も収めようとしている面はあります。

例えば、韓国《かんこく》との間で紛争が起きた場合、今のように国連事務総長が韓国出

●敵国条項　第二次世界大戦での連合国の「敵国」（日独伊など）に対する措置を定めた、国連憲章の第53条や第107条のこと。安保理の許可のない軍事的制裁の容認等、他の加盟国に比べて差別的な扱いとなっている。

身であったら、彼を解任できないかぎり、残念ながら、国連軍は、韓国の側につく可能性が非常に高いのです。こういう場合には、独自に判断させてもらわないと、どうしようもないところはあると思います。

韓国が、「対馬《つしま》も韓国領土だ」と言ってきたら、日本は、どうするのでしょうか。国連が、「いや、これについては判定できない。国連軍は動かせない」と言ったら、「対馬を取られました」ということが起きてくることもあります。

そういうときに、アメリカだけが、勝手に、一方的に、相手を激しく攻撃してくれるかといったら、そうはいかないでしょう。アメリカにも利害がたくさんあるので、どうなるか分かりません。何とも言えないところがあるのです。

「総合的に考え、侵略的ではなく、防衛的な国際責任に則った考え方で、自衛隊、自衛軍が使えるようにしておく」ということは大事ではないかと思います。それは、主権国家としての要件ですし、国連の常任理事国に入るための条件の一つでもあるだろうと思うのです。

イラクにも自衛隊は行きましたが、要するに、「紛争地域ではない所にしか行けない」という制約を受けています。それは、いかにも憲法を遵守《じゅんしゅ》していて、よいことのようにも見えますが、欧米《おうべい》の軍隊から見れば、おそらく、すごくずるいように見えるでしょう。「銃弾《じゅうだん》が飛び交《か》う所には行かないなんて、それでもサムライか」と思われているようなところがありましょう。

国連でナンバーツーの負担金を持っている日本としては、やはり、ある程度の判断ができなくてはいけない面はあるのではないでしょうか。

「日米同盟が破棄《はき》される可能性」はあるのか

大川隆法　第二次大戦が起きた原因はいろいろありましょうが、「日英同盟が解消されていたことが大きかった」と言われてはいます。日英同盟が解消された理由の一つは「第一次大戦」です。第一次大戦の際、日本は、実戦はアジアで行い、中国におけるドイツの植民地を攻撃したりは少ししています。しかし、ヨーロッパでは、いちおう地中海に軍隊を出

日英同盟によりガーター勲章を受ける明治天皇
日英同盟は日露戦争の2年前に締結され、第一次大戦終了まで日本外交の基盤となった。

したものの、積極的な戦闘行為をしていないため、不信感を呼んだところはあったように思います。

その後、日英同盟は四カ国同盟に変わっていったのですが、二国間同盟にも非常に大事なところがあります。

日英同盟が破棄《はき》されたのを見ると、「日米同盟も、米国の国民が激昂《げっこう》するようなことになった場合には、破棄される可能性はある」ということは考えておいたほうがよいでしょう。

そして、「そのときには、日本を護るものはない」ということも知っておいたほうがよいと思います。

「外交」という手もありますが、「その時点では、やや後手後手《ごてごて》に回っている」ということです。

世界から「平和的で国際秩序《ちつじょ》を守る国」と見られている日本

大川隆法　「現実に、海洋戦略を持ち、毎年、十パーセント以上の軍事成長をしている国がある」ということは厳粛《げんしゅく》な事実です。

その国から、首相が靖国《やすくに》神社に参拝《さんぱい》したことへのクレームをつけられて、「歴史の反省が足りない」と言われたわけですが、それに対して、安倍《あべ》首相が、「軍事費を二十年間も増大し続けているところに言われるのはどうか」というようなことを、やっと言い返したようで、そのことが新聞に載っていました。

平和国家にそう言われるなら結構ですが、自分のところが平和国家ではないのに、そういうことを言うのは、「クリーンハンドの原則」に反していると私

●クリーンハンドの原則　「裁判所に訴える者は、きれいな手をしていなければならない（悪いことをしている者には、他人を訴える権利はない）」という、イギリスの慣例法に由来する法原則。

は思うのです。

このへんについては、日本には、そろそろ大人にならなくてはいけない面があるのではないでしょうか。戦後七十年を見るかぎり、中韓を除けば、世界の諸国、百数十カ国が、日本に対しては、「平和的で国際秩序《ちつじょ》を守る国だ」と見ており、日本に対する信頼感はかなり高いと思います。

それゆえ、アジアの諸国も今は日本を頼《たよ》っています。「いざというときには日本に協力してほしい」と思っている国はたくさんあるのです。

「全体主義国家の要件」とは

大川隆法　憲法九条を改正したら、それが平和主義の放棄になるかといえば、それは、その「平和」の解釈にもよると思うのです。

当会製作の映画（「ファイナル・ジャッジメント」と「神秘の法」。いずれも製作総指揮・大川隆法、二〇一二年公開）で描いたような、侵略国家による蹂《じゅう》躙《りん》を、そのままにすることを「平和」と言うのなら、その解釈とは合いません。国際正義にもとることをしているのだったら、それは許せないことです。

これは「全体主義」の定義によると思

○映画「ファイナル・ジャッジメント」［左上］　アジアの大国「オウラン」が、突如、日本を占領する。「信教の自由」等が抑圧されるなか、地下組織「ROLE（ロール）」の一員となった鷲尾正悟は宗教的体験を重ね、やがて、日本奪還と平和実現のため、渋谷の交差点から全世界に向けてメッセージを発信する。
○映画「神秘の法」［右上］　東アジアの軍事国家「帝国ゴドム」が日本等を支配するが、それに抵抗する国際的秘密結社では、予知能力を持つ獅子丸翔が新たなリーダーとなり、霊界や宇宙からの支援を受けながら、身命を賭して軍事独裁の打倒と人類救済に挑む。

います。

常時、人権蹂躙が行われている。

あるいは、本などで政府に反対するような意見を言ったり、そういう活動をしたりしたら、すぐに逮捕《たいほ》されて、隔離《かくり》されたり、粛清《しゅくせい》されたりする。

収容所のような所に送られたり、家族や一族までが捕まったり、粛清ということが起きたりする。

こういう要件を備えているような国家は、いちおう全体主義国家と考えてよいと思うのです。

こういう全体主義国家に関しては、残念ながら、戦後の日本が維持してきた、「平和国家」という考え方は通じません。善意は通じない部分があるので、新しい全体主義の動きについては十分な警戒《けいかい》をしないと、向こうを増長させ、大戦が起きることもありうるのです。

これについては、やはり、そう言っておくべきですし、自信を持たなくてはいけません。

人は、神仏の存在を忘れたら、「公的な正義」というようなものをないがしろにし、「自分たちだけの安全」を図《はか》ることを考えるのですが、結果的には、それが大きな被害《ひがい》を生むこともありますし、大変なことになることもあるわけです。

世界各国には日本を信頼してくれているところが多いので、そろそろ、日本は、そういう運動をすべきだと思います。

国連の常任理事国は第二次大戦の戦勝国ばかりで、国際連合は、結局、〝戦勝国連合〟なのですが、もうそろそろ、新しく国連総会で話をし、国連の常任理事国についても要件を定め、投票などで選ぶなり何なりを考えなくてはいけないのではないでしょうか。

ロシアは、「旧ソ連」のときには大きかったかもしれませんし、まだ核《かく》兵器の〝残骸《ざんがい》〟はたくさん持っているとは思いますが、今ではGDP（国内総生産）が世界九位ぐらいにまで落ちています。

やはり、このへんのところで、もう一段の努力は要るのではないかと思います。

自衛隊の存在を憲法に明記すべきである

大川隆法　私の『新・日本国憲法　試案』に書いたもののもありますが、そこに行く前の段階としては、正攻法で、自衛隊の存在を憲法に明記すべきですし、「自衛隊は、国際正義と秩序や平和を護るために機能すべきだ」ということを入れるべきではないかと思います。

かつての「成功した原理」がマイナスに働くこともあるのです。

戦後の日本は、軍事費を抑《おさ》えて経済に邁進《まいしん》したため、経済成長ができて、「エコノミック・アニマル」とまで揶揄《やゆ》されましたが、やはり、世界の大国の一つとして、果たすべき使命はあるのではないでしょうか。

今は、イギリス、フランス、ドイツを合わせて、やっと、日本ぐらいの力しかないぐらいのレベルなので、それだけの自覚を持っていなければいけないのではないかと思います。

「どこまで可能か」ということについては、議論はまだあろうとは思いますが、「少なくとも、憲法で嘘《うそ》を放置し、解釈でそれを逃《のが》れるようなことは、長く続けるべきではないし、それができない国民は勇気がなさすぎる」と、やはり、言わざるをえません。

そういう意味では、私は、宗教家としての立場からも、やはり、国民およびマスコミに反省を求めたいのです。

「嘘でも表向きがきれいなほうがよい」という考え方は嫌《いや》です。

クリスマスのデコレーションケーキで、「外側だけは本物です。なかは偽物《にせもの》です」というのは、やはり許せないものです。「外側のクリームだけは本物ですが、なかは、まったくプラスチックでできています」というものは、売ってはいけないものだと私は思うので、このへんについては正直に議論をするべきです。

そうした法律的な部分を無視し、ないがしろにして、事実上、実質上のものを、どんどん、つくっていくこと、例えば、「空母代わりの護衛艦をつくっていき、実質だけは、どんどん進んでいく」というようなことは、かえって、法《ほう》治《ち》国家としてはよろしくないのではないかと思うので、きちんと法の整備をすべきだと考えています。

そして、そういう状態でなければ、自衛官だって、本当に国のために戦ってくれるとは思えないところはあるでしょう。そういう日陰《ひかげ》の身では、やはり厳しい面があるのではないかと思います。

「『戦争がない』というので自衛官になったのに、戦争が起きるのだったら、辞《や》めなくてはいけない」という人が出てくるようでは困ります。

自衛官が、奥《おく》さんから、「『戦争は絶対にしない』ということで自衛官と結婚《けっこん》

したのに、戦争が起きるかもしれないのだったら、離婚する」と脅《おど》されること
もあったりするらしいのです。
やはり、これに関しては、「目的」の問題はあるかと思います。

宗教を「戦争の原因」にされるのは本意ではない

大川隆法　平和の担保の最終部分は、やはり、「神仏の心を、この地上に実現する」というところに持っていなければいけません。
そして、その「神仏の心」には、宗教による違いもあろうけれども、あまりにも偏屈《へんくつ》な宗教、排撃《はいげき》的というか、あまりにも非寛容《ひかんよう》というか、多数の人が信じているものを簡単に排除してしまうような宗教であっては、やはり、「世界

標準」とは言えないのではないかという気持ちはあります。

「無神論が事実であり、宗教を持っているところは、全部、間違っているから、いくらでも、何をしても構わない」というような考え方が横行《おうこう》してもいけませんし、「自分の信じる宗教以外は、全部、間違っている」と考えるのもいけません。

お互《たが》いに歩み寄って理解する努力は必要だろうと思います。

キリスト教国の正式な考え方からすれば、イスラム教国は「悪魔《あくま》の国」なのでしょうが、本当は、仏教も「悪魔の教え」ということになっています。しかし、このへんについては、やはり、もう一段、大人にならなければいけないのではないでしょうか。

一定の支持を得ているものには、そのなかに何か善なるものはあるでしょうから、ぶつかっているものについては、交流して調整をしなくてはいけない面があろうと思います。

「『宗教そのものが戦争の原因になる』というようなところに最終結論を持っていかれるのは本意ではない」という気持ちを持っています。

4　首相公選制と大統領制の考え方

C――　「行政のリーダーシップを、いかに確立するか」という点で、質問をさせていただきたいと思います。

『新・日本国憲法 試案』では大統領制をご提示いただいています。

今の安倍《あべ》内閣への支持率は、ある程度、高いのですが、この十年近くというか、小泉《こいずみ》内閣のあとは、毎年のように首相が交代しており、今の日本国憲法の下《もと》では、「行政のリーダーシップ」というものを非常に取りづらいところがあるのではないかなと思います。

これを改善するためには、「憲法試案」の大統領制を最高の理想としても、それに至るまでの中間形態として、何かありうるのでしょうか。

例えば、「首相公選制」を導入するとか、閣議決定がないとできないことを、首相だけの判断でできるようにするとか、いろいろと工夫《くふう》の余地はあろうかと思います。

行政のリーダーシップや効率をもっと上げていくことに関して、現時点でのお考えをお伺《うかが》いできればと思います。

地方自治体は「大統領制」になっている

大川隆法　大統領制自体については、警戒《けいかい》する人も多いと思いますが、地方自治体は、事実上、「大統領制」なのです。

例えば、東京都知事選がもうすぐありますけれども（説法《せっぽう》当時）、これは〝大統領制〟です。

「選挙が事実上の人気投票になる」ということが、大統領制の危険性として、よく言われていますが、事実上の大統領制は知事のレベルでは行われているのです。ただ、知事には、政治学を専攻《せんこう》した学者がなる場合もあれば、落語家《らくごか》や漫才師《まんざいし》がなる場合もあって、いろいろです。

それは有権者の判断によりますが、民主主義のよいところは、いちおう任期があって、「次の選挙のときに落とせる」ということです。また、最近では、任期の途中《とちゅう》の〝中間発表〟として、その支持率を調べて、マスコミ各社が新聞等に載《の》せ始めると、事実上、攻撃《こうげき》しているのと同じです。

内閣であれば、支持率が下がり、三十パーセントぐらいになると、そろそろ危なくなって、二十パーセントを切ったら危険圏《けん》に入り、十パーセントを切って七パーセントや八パーセントになったら、今までに政権を維持《いじ》できた内閣は、ほとんどないのです。そういう結果が出ています。

その意味で、四年など何年かおきの選挙だけでなく、それ以外にも支持率などでチェックできる部分はあるので、「大統領制だから危険だ」とは必ずしも言えないと思います。

では、「どういう人を選ぶか」ということですが、俳優を選ぶか、落語家を選ぶか、学者を選ぶか、行政官を選ぶか、それは自由です。

ただ、民主主義には、「権利」だけではなく、「責任」の部分もあるのです。

その人を選んだ責任は、やはり生じます。その結果、自分たちが不利益を被《こうむ》っても、しかたがないのです。

例えば、〝防災対策〟をきちんとできる人もいれば、できない人もいるだろうと思いますが、できない人を選んだのであれば、しかたがありません。

東京都の防災をきちんとできる人を選んでいて、何かのときにうまく対応できる場合もあれば、運悪く、そういうことについてサボっている人を選んだため、都民が非常に多く犠牲《ぎせい》になることだってあるかもしれないのです。

しかし、その人を選んだ責任は、結局、自分に返ってきます。選ばれた人は、当然、辞《や》めなくてはいけなくなるでしょうが、「選んだ自分にも返ってくる」ということは知らなくてはいけません。

直接投票による大統領制においては、「選んだ責任」も返ってくるのです。

石原《いしはら》元都知事と小渕《おぶち》元総理のリーダーシップの違《ちが》い

大川隆法　一方、今の議院内閣制は「間接民主制」に近いものです。メインの党だけの場合もあれば、それと他の党が連立する場合もありますが、国会で多数を得たものが首相を選べます。

特に、今は参議院より衆議院が優越《ゆうえつ》するので、衆議院で多数を得たものが総理を選べることになっています。

その意味では、「大統領のように直接選ばれたわけではないから、権限が弱い」とも言えますが、これには、かなり個人の能力によるものもあり、個人的に能力が高ければ、実は、議院内閣制のほうが権力が大きくなる場合もありうるのです。

なぜなら、首相は、少なくとも、国会で多数を占《し》めている政党を支持基盤《きばん》として選ばれているため、首相が「こうしたい」と決めたら、その法律は国会を通るからです。

ところが、大統領制の場合には、大統領の意見と議会の意見との対立は、しょっちゅう起きているので、それなりに難しいところはあります。

都知事でも、石原慎太郎《いしはらしんたろう》・元都知事のように、ややカリスマ性のある、ワンマンの人の場合には、与党《よとう》ではないほうが議会で多数であっても、けっこう、ワンマンでガンガンやり、議会をねじ伏《ふ》せるようなときもありますが、弱い都知事

石原慎太郎・元都知事
（1932～）

であれば、逆に、議会で通らないと何も決まらなくて、そういう意味での行政能力が低下する場合もあるのです。

あくまでも個人的な能力に負う部分はかなりあると思います。

議会制民主主義の下《もと》では、単に「カリスマ的なリーダーシップ」が強いだけではない人が、総理に選ばれる場合もあります。日本によくある「調整型のリーダー」が選ばれることもあるのです。

その人は、とても頼《たよ》りない感じではあるわけですが、それで各派閥《はばつ》や各党の調整がうまくいけば、法案を通せて、行政の執行《しっこう》がスムーズに行く場合もあるので、なかなか一概《いちがい》には判定しがたい面もあります。

以前、総理在職中に倒《たお》れ、直後に亡《な》くなられた小渕恵三《おぶちけいぞう》・元総理は、外見《がいけん》も何となく頼りない方ではありましたが、「ブッシュホン」（注。一九九〇年ごろの流行語。当時のジョージ・H・W・ブッシュ米大統領から海部俊樹《かいふとしき》総理大臣への電話のこと）に代わって、小渕さんも、「ブッチホン」と称《しょう》して、いろいろな人にすぐ電話をかけていました。「首相から、直接、電話がかかってきて、『頼《たの》む、頼む』と言われたので、驚《おどろ》いた」という人が大勢いるぐらい、とてもマメな、腰《こし》の低い方ではありました。

その小渕さんは、首相をしていたとき、「都知事に立候補したら、絶対、落ちるだろう。首相はできるが、都知事選だったら落ちるだろう」と言われていました。「日本の首相はできるけれども、都知事にはなれない。直接投票では、それほど多くの票は取れない人なので、絶対、落ちる」と言われていたのです。

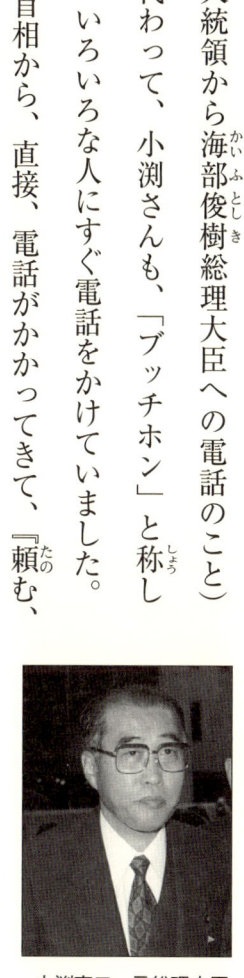

小渕恵三・元総理大臣
（1937～2000）

都知事にはなれないけれども、首相はできる人がいる。逆に、首相にはなれないけれども、都知事にはなれる人がいる。

まことに珍《めずら》しい形態で、どちらが有利か、分かりません。

石原さんのような人は、国民投票というか、公選制のようなかたちで選挙をすれば、おそらく首相になれるタイプだったでしょう。全国で直接投票によって国民投票を行えば、たぶん首相になれた可能性はある人だろうと思うのです。

しかし、今の国会のように、運営形式などであいう独特の力学が働いていて、調整が要《い》るようなところでは、石原さんのような人は〝一匹狼《いっぴきおおかみ》〟になりがちなので、なかなかトップにはなれません。それで、国政を放棄《ほうき》し、国会議員を辞めて作家に戻《もど》りましたが、しばらくして〝退屈《たいくつ》〟し、都知事になりました。

長短は両方のタイプにあると思うのです。

内閣は合議制にはなっていますが、首相に閣僚《かくりょう》の任免権があり、閣僚を罷免《ひめん》することもできるので、言うことをきかない人は罷免し、自分で兼任《けんにん》してしまえばよいわけです。

そうした、法律や予算を通せないわけではないという意味では、首相の権限は、けっこう強いのです。

言い訳として、首相の権限が弱いように言うことはできますが、実際上、国会議員の多数に支持され、衆議院のほうで一定以上の多数を取っていれば、憲法を除き、どのような法律でも通せるわけですから、強いことは強いのです。

また、予算においても強いのです。

そういう意味では、「議院内閣制だから弱い」とは必ずしも言えない面はあります。

「大きな勇断」「国の改造」に適したリーダーとは

大川隆法　ただ、〝文明実験〟としては、国民から直接選ばれた人のほうが、やはり、責任を取りやすい面はあるでしょう。

尖閣《せんかく》問題のときには、石原さんが、都知事であるにもかかわらず、尖閣諸島を東京都で所有しようとしました。確かに、「分《ぶん》を過ぎている」とは思うのです。

「東京都が沖縄《おきなわ》県の島を所有する」というのですから、「ヨットでもやるのですか」と言いたくなります。都《と》の保養寮《りょう》をつくって、個人的にヨットをやるとかいうのなら、分からないでもありませんが、フカの海でヨットをするわけでもないでしょう。

本当は国のトップがやるべきことに手を出そうとしたので、当時の野田《のだ》首相が「国有にする」と言って頑張《がんば》ってしまいました。

しかし、中国の場合、「国有にする」ということは、大変なことなのです。

日本では、「国有地」は、当たり前というか、普通《ふつう》によくありますし、個人の土地も本当は国有地を借り上げているような状態です。〝持っている〟わけではありません。所有しているようだけれども、所有しているわけではなく、本当は、第一次的には全部が国有地なのです。全部が国有地だけれども、その賃借権というか、地上権のようなものを売り買いしているだけなのです（『国家社会主義への警鐘《けいしょう》』『財務省のスピリチュアル診断』〔共に幸福実現党刊〕参照）。

そのため、中国とは意味が違《ちが》うのですが、「国が持つ」ということになったので、向こうは過激な反応をしたわけです。

国民の直接投票で選ばれた人のほうが、何か「大きな勇断」をするときには、やりやすい面があるだろうと思いますし、責任を取るときには、「辞める」しかありません。また、終身制の場合には、結論的に、「暗殺される」ということになるだろうと思いますが、人気があるときには、我慢《がまん》してくれることもあるでしょう。

「議院内閣制」と「首相公選制や大統領制」のどちらがよいかは分かりませんが、もし「国全体の改造」や「構造改革」のようなものを目指しているのであれば、首相公選制ないしは大統領制のようなものができたほうが、「国の改造」のようなものは、全体的に、やりやすいだろうと思います。

通常業務については、どちらであっても、ある程度、本人の能力によってできるものはあると思います。

「要求される資質が若干《じゃっかん》違う場合がある」ということは、すでに述べたとおりです。

今の議院内閣制だと、「調整型」の人は、リーダーになるチャンスはかなり多くて、「カリスマ型」の人は、どちらかというと嫌《きら》われて、なかなかリーダーになれないことが多いとは思います。

ただ、「平時」においては、それでよいと思いますが、「乱世《らんせ》」においては、「やや後手後手《ごてごて》になって、失敗しやすいところもあるのではないか」という気がします。

大統領と首相と〝二枚〟あったほうがよい理由

大川隆法　大統領制には、「天皇制との両立ができるかどうか」という問題があるので、論点として、また一つ、難しいものがあります。自民党案のように天皇を元首と決めた場合には、大統領制には、かなり難しいものがあると思います。

ただ、現実には、諸外国を見るかぎり、「大統領と首相がいて、〝二枚〟あったほうが、どちらかが国外に出張をして、いろいろなところの会議に出たりするときには、安全だな」と感じることは多いのです。

首相が日本に残っていて大統領が海外に行くなり、大統領が残っていて首相が外交をするなりしたほうが、やはり安全性は高いように感じます。

日本の歴代の首相にしても、海外のいろいろな会合への出席が非常に多いので、国会との両立がうまくできずに苦しんでいます。「時差調整もできないまま、国会答弁をしている」ということもそうとう多いのです。

そのため、首相を辞めたら、すぐに死ぬ方や二年以内に死ぬ方も多く、かなりの負荷がかかっていると思います。

当会の国際本部の意見も聞いてみたいぐらいですが、「海外から帰って、すぐに国会に出て答弁できるか」と言われたら、国際本部の人でも、「頭がクラクラして、できない」と言うかもしれません。原稿《げんこう》を一枚飛ばして読んでしまったりするかもしれない状態ではないでしょうか。

私は、大統領と首相と〝二枚〟あってもよいのではないかと思うのです。

そういう意味では、政治上の元首的な人が二人いるのは難しいので、天皇は、やはり、「宗教性も含《ふく》んだ文化的象徴《しょうちょう》」というかたちでもよいのではないかと思います。

ただ、このへんについては、国民の多数の了解《りょうかい》を得なければ無理だろうと思います。

天皇・皇后両陛下の「インドご訪問」の意図

大川隆法　「今のように首相だけだと、やや厳しいのかな」と思う面はあります。外交の部分がかなり厳しくはなっていると思うのです。

安倍首相は海外出張をけっこうしておられますが、先日（二〇一三年十一月三十日から十二月六日まで）、天皇・皇后両陛下がインドに行かれました。あれは、ある意味では首相や大統領が行うべきことであったと思うのです。

天皇・皇后両陛下は、なぜインドに行かれたのでしょうか。

天皇陛下は、ご病気もなされましたし、八十歳《さい》ぐらいのご高齢《こうれい》でもあるのに、なぜインドに行かれたかというと、やはり、中国の脅威《きょうい》のところを牽制《けんせい》する意味があったと思うのです。そのためにインドに行かれたのでしょう。

天皇・皇后両陛下は、天皇陛下がご病気をされたあとに、東日本大震災《だいしんさい》の被《ひ》災《さい》地を訪問されたりもしましたが、インドまで外交に行かれたのは、実は、大国インドと提携《ていけい》することで、日本の防衛面での安全性を高める意味があったと思うのです。

インドは軍事大国で核《かく》大国でもありますし、今、宇宙にも進出しているので、インドとの提携を深めることによって、中国を牽制できる面が当然あります。それで、行く必要があったのです。

しかし、安倍さんは、以前、インドに行ったあとお腹《なか》が悪化し、それが首相退陣《たいじん》へとつながった面があるため、インドをすごく怖《こわ》がっています。そこで、代わって両陛下が行かれたのではないかと推測しています。これは違うかもしれませんが、そういう推測も成り立つのではないかと思ったりもするのです。

天皇は、そういう役割もしておられます。

それから、先ほど述べたように、被災地の訪問もしておられます。被災地へは、首相も行かなくてはなりませんし、天皇・皇后両陛下も行かなくてはならなかったりして、ややダブルで動いているような面もないわけではありません。

実際、天皇の行事日程等を見ると、かなり過密で厳しく、「ここまでしなくてはいけないのか」と思うような面もあります。

サインをしたり、書類に目を通したりする事務的な仕事もそうとうあります。それから、被災地の視察にも行かなくてはなりません。

被災地には、総理大臣も行かなくてはなりませんし、担当大臣も行かなくてはならないのですが、天皇・皇后も行かれ、体育館で被災民を励《はげ》まされたり、公民館で歌を歌っているところに出ていったりして、慰《なぐさ》めておられるので、涙《なみだ》ぐましい感じがするのです。

「肉体的にも精神的にも、厳しい面はかなりあるのではないか」と思うので、「同じような仕事を、今の皇太子ご夫妻ができるかどうか」ということで、危《あや》ぶまれているところが、そうとうあるのだと思います。

皇太子夫妻が動けないことも問題点としてありますが、もう一つには、やはり、「激務の部分もあるのではないか」という感じがしています。

「選ばれた者が責任も取る」というかたちが望ましい

大川隆法　私としては、「現実の政治や行政に関しては、なるべく、国民から選ばれた人が行ったほうがよいのではないか」と思います。

現実的な政治の処理や執行等、あるいは権力が発生するものについては、基本的には、「選ばれた者が責任も取る」というかたちが、基本的には、よいのではないかと思うのです。

世襲《せしゅう》制で、永続性のあるもので、日本の国体や統合の象徴であり、文化的な連続性を示していて、国としての尊さのシンボルである方には、あまり、そういう影響《えいきょう》がかからないほうがよいのではないでしょうか。

その意味では、天皇・皇后両陛下の仕事の見積もり、および、その動かし方については、現内閣および宮内庁《くないちょう》の考え方には問題があるのではないかと思っています。

天皇・皇后両陛下は、国民から支持されないことを、とても恐《おそ》れておられます。やはり、政治家がポピュリスト（大衆迎合《げいごう》主義者）になるのは当然かもしれませんが、「両陛下は、あまり、そこまでは意識されないほうがよろしいのではないか」という気はします。

「人気や支持率などで、天皇制が安定するかどうか」というような感じになるのは、あまりよくないのではないでしょうか。

〝元首〟という立場で、何の責任もないのはおかしい

大川隆法　考え方は難しいのですが、（議院内閣制でも、首相公選制または大統領制でも）どちらでもよいのです。どちらであっても可能性はあります。ただ、大きな改革、ドラスティック（抜本的《ばっぽん》）な改革をしたければ、やはり、国民投票的なかたちで選ばれる宰相《さいしょう》というものがいてもよいかもしれません。

大きな国防戦略などがあるようなときでしたら、やはり、「責任を取ってもらえる人がいてくれるほうが、よいのではないか」という気が、私としてはしています。

また、基本的には、「元首である方に何の責任もないのは、やはりおかしい」

という感じがしています。

昔は、天皇が政争に巻き込《こ》まれて殺されたりすることも起きていますが、元首という立場であれば、そういうことが起きうるので、何らかのかたちで、もう少し仕事の見直しがあってもよいのではないかと思っています。

ただ、「『少なくとも百二十五代続いた』と言われているものを、そうやすやすと手放さないほうが、国家としては、よろしいのではないか」という気持ちは持っています。諸外国に誇《ほこ》れるものとして、国の一貫《いっかん》した歴史の背骨になっている部分があることは、よいことだと思います。

ただ、問題点としては、「ある程度、能力を要求されると、国が大国になってきたときに、うまくいく場合と、いかない場合とが、当然、出てくる」ということがあるので、能力にかかわることは、やはり、「選べる人」にやってもらうほうがよいと思います。

「本人のクオリティー」や「民度」「国民の啓蒙《けいもう》」の問題もある

大川隆法　「議院内閣制」と「首相公選制または大統領制」は、「行政として、どちらがよいか」ということですが、両方とも、やはり、「本人のクオリティー」の問題があるのです。

そして、どちらでも可能ではあるけれども、「国体を変えたい」というような、大きなことに取り組むのであれば、やはり、首相公選制ないしは大統領制のようなものがあったほうがよいでしょう。例えば、憲法改正をしたかったら、首相公選制や大統領制のほうが、実は、やりやすいでしょう。

あと、「実際上、仕事ができるかどうか」ということについては、両方に長短があります。

アメリカでは、大統領と議会が対立することなど、よくあります。そういう意味では、大統領制も、それなりの難しさを持っていることは事実だと思います。

現行でも可能ではありますが、「石原さんが首相になれなかったことの無念を、どう思うか」というようなことと、「石原さんに代わって、ビートたけしなどが出てきた場合のリスクを、どう見るか」ということと、この両面があるので、物事には長短があります。

ただ、〝文明実験〟としては、いろいろなことがあってもよいのではないかと思います。

「ビートたけしや、そのまんま東《ひがし》などが元首になる」ということだと、やはり問題は少しあるので、その場合には、天皇に残って頑張っていただきたいと思いますし、「首相で止《と》めておいたほうがよいのではないかな」と思うこともあります。これには、「民度」の問題、および、「国民の啓蒙《けいもう》」の問題が、やはりあるのではないかと思います。

そういうことで、長短が両方にあるのですが、「ドラスティックな改革をするときには、直接投票で選ばれている人がいるのも悪くはない」と考えています。

司会　それでは、以上とさせていただきます。

まことにありがとうございました。

大川隆法　はい（会場拍手《はくしゅ》）。

あとがき

おそらく、本書の内容は憲法学者や法律の実務家からみても、大胆すぎる意見に感じられることだろう。

ただ、宗教家として分類されている私だが、東大法学部で、「私法」「公法」「政治」のすべてのコースをマスターした法学士でもあるので、憲法学について法律知識のない土俵で議論しているつもりはない。卒業後、最高裁や、東京高裁に進んだ友人・知人に比べて、法律学の勉強ができなかったという記憶は全くない。

また、宗教家としての側面からの説明だが、本書の元になる講義をするにあたっては、東大法学部教授で、憲法学、英米法などの権威で、退官後、最高裁の判事もなされた故・伊藤正己《いとうまさみ》先生からも霊指導を直接受けている。この点、内容について、全くの素人《しろうと》意見だとは言わせるつもりはない。

伊藤元教授には、学生時代、丸一年間「法学」の基礎を教わっているので、気心は通じ合っている。本書が日本の未来を考える上で、何らかの指針になることを願っている。

二〇一四年　一月二十九日

幸福《こうふく》の科学《かがく》グループ創始者兼総裁《そうししゃけんそうさい》
幸福実現党総裁《こうふくじつげんとうそうさい》
幸福《こうふく》の科学大学創立者《かがくだいがくそうりつしゃ》
大川隆法《おおかわりゅうほう》

［資料①］

新《しん》・日《に》本《ほん》国《こく》憲《けん》法《ぽう》 試《し》案《あん》

（二〇〇九年六月十五日　書き下ろし）

〔前　文〕われら日本国国民《にほんこくこくみん》は、神仏《しんぶつ》の心《こころ》を心《こころ》とし、日本《にほん》と地球《ちきゅう》すべての平和《へいわ》と発展《はってん》・繁栄《はんえい》を目指《めざ》し、神《かみ》の子《こ》、仏《ほとけ》の子《こ》としての本質《ほんしつ》を人間《にんげん》の尊厳《そんげん》の根拠《こんきょ》と定《さだ》め、ここに新《しん》・日本国憲法《にほんこくけんぽう》を制定《せいてい》する。

〔第一条〕国民《こくみん》は、和《わ》を以《もっ》て尊《とうと》しとなし、争《あらそ》うことなきを旨《むね》とせよ。また、世《せ》界平和実現《かいへいわじつげん》のため、積極的《せっきょくてき》にその建設《けんせつ》に努力《どりょく》せよ。

〔第二条〕信教《しんきょう》の自由《じゆう》は、何人《なんぴと》に対《たい》してもこれを保障《ほしょう》する。

〔第三条〕行政《ぎょうせい》は、国民投票《こくみんとうひょう》による大統領制《だいとうりょうせい》により執行《しっこう》される。大統領《だいとうりょう》の選出《せんしゅつ》法及《ほうおよ》び任期《にんき》は、法律《ほうりつ》によってこれを定《さだ》める。

〔第四条〕大統領《だいとうりょう》は国家《こっか》の元首《げんしゅ》であり、国家防衛《こっかぼうえい》の最高責任者《さいこうせきにんしゃ》でもある。大統領《だいとうりょう》は大臣《だいじん》を任免《にんめん》できる。

〔第五条〕国民《こくみん》の生命《せいめい》・安全《あんぜん》・財産《ざいさん》を護《まも》るため、陸軍《りくぐん》・海軍《かいぐん》・空軍《くうぐん》よりなる防衛軍《ぼうえいぐん》を組織《そしき》する。また、国内《こくない》の治安《ちあん》は警察《けいさつ》がこれにあたる。

〔第六条〕大統領令以外《だいとうりょうれいいがい》の法律《ほうりつ》は、国民《こくみん》によって選《えら》ばれた国会議員《こっかいぎいん》によって構成《こうせい》される国会《こっかい》が制定《せいてい》する。国会《こっかい》の定員及《ていいんおよ》び任期《にんき》、構成《こうせい》は、法律《ほうりつ》に委《ゆだ》ねられる。

〔第七条〕大統領令《だいとうりょうれい》と国会《こっかい》による法律《ほうりつ》が矛盾《むじゅん》した場合《ばあい》は、最高裁長官《さいこうさいちょうかん》がこれを仲裁《ちゅうさい》する。二週間以内《にしゅうかんいない》に結論《けつろん》が出《で》ない場合《ばあい》は、大統領令《だいとうりょうれい》が優先《ゆうせん》する。

〔第八条〕裁判所《さいばんしょ》は三審制《さんしんせい》により成立《せいりつ》するが、最高裁長官《さいこうさいちょうかん》は、法律《ほうりつ》の専門知識《せんもんちしき》を有《ゆう》する者《もの》の中《なか》から、徳望《とくぼう》のある者《もの》を国民《こくみん》が選出《せんしゅつ》する。

〔第九条〕公務員《こうむいん》は能力《のうりょく》に応《おう》じて登用《とうよう》し、実績《じっせき》に応《おう》じてその報酬《ほうしゅう》を定《さだ》める。公《こう》務員《むいん》は、国家《こっか》を支《ささ》える使命《しめい》を有《ゆう》し、国民《こくみん》への奉仕《ほうし》をその旨《むね》とする。

〔第十条〕国民《こくみん》には機会《きかい》の平等《びょうどう》と、法律《ほうりつ》に反《はん》しない範囲《はんい》でのあらゆる自由《じゆう》を保《ほ》障《しょう》する。

〔第十一条〕国家《こっか》は常《つね》に、小《ち》さな政府《せいふ》、安《やす》い税金《ぜいきん》を目指《めざ》し、国民《こくみん》の政治参加《せいじさんか》の自《じ》由《ゆう》を保障《ほしょう》しなくてはならない。

〔第十二条〕マスコミはその権力《けんりょく》を濫用《らんよう》してはならず、常《つね》に良心《りょうしん》と国民《こくみん》に対《たい》して、責任《せきにん》を負《お》う。

〔第十三条〕地方自治《ちほうじち》は尊重《そんちょう》するが、国家《こっか》への責務《せきむ》を忘《わす》れてはならない。

〔第十四条〕天皇制《てんのうせい》その他《た》の文化的伝統《ぶんかてきでんとう》は尊重《そんちょう》する。しかし、その権能《けんのう》、及《およ》び内容《ないよう》は、行政《ぎょうせい》、立法《りっぽう》、司法《しほう》の三権《さんけん》の独立《どくりつ》をそこなわない範囲《はんい》で、法律《ほうりつ》でこれを定《さだ》める。

〔第十五条〕本憲法《ほんけんぽう》により、旧憲法《きゅうけんぽう》を廃止《はいし》する。本憲法《ほんけんぽう》は大統領《だいとうりょう》の同意《どうい》のもと、国会《こっかい》の総議員《そうぎいん》の過半数以上《かはんすういじょう》の提案《ていあん》を経《へ》て、国民投票《こくみんとうひょう》で改正《かいせい》される。

〔第十六条〕本憲法《ほんけんぽう》に規定《きてい》なきことは、大統領令《だいとうりょうれい》もしくは、国会《こっかい》による法律《ほうりつ》により定《さだ》められる。

以上

［資料②］

日本国憲法

（一九四六年十一月三日公布）

前文

日本国民は、正当に選挙された国会における代表者を通じて行動し、われらとわれらの子孫のために、諸国民との協和による成果と、わが国全土にわたつて自由のもたらす恵沢を確保し、政府の行為によつて再び戦争の惨禍が起ることのないやうにすることを決意し、ここに主権が国民に存することを宣言し、この憲法を確定する。そもそも国政は、国民の厳粛な信託によるものであつて、その権威は国民に由来し、その権力は国民の代表者がこれを行使し、その福利は国民がこれを享受する。これは人類普遍の原理であり、この憲法は、かかる原理に基くものである。われらは、これに反する一切の憲法、法令及び詔勅を排除する。

日本国民は、恒久の平和を念願し、人間相互の関係を支配する崇高な理想を深く自覚するのであつて、平和を愛する諸国民の公正と信義に信頼して、われらの安全と生存を保持しようと決意した。われらは、平和を維持し、専制と隷従、圧迫と偏狭を地上から永遠に除去しようと努めてゐる国際社会において、名誉ある地位を占めたいと思ふ。われらは、全世界の国民が、ひとしく恐怖と欠乏から免かれ、平和のうちに生存する権利を有することを確認する。

われらは、いづれの国家も、自国のことのみに専念して他国を無視してはならないのであつて、政治道徳の法則は、普遍的なものであり、この法則に従ふことは、自国の主権を維持し、他国と対等関係に立たうとする各国の責務であると信ずる。

日本国民は、国家の名誉にかけ、全力をあげてこの崇高な理想と目的を達成することを誓ふ。

第一章　天皇

第一条【天皇の地位・国民主権】
　天皇は、日本国の象徴であり日本国民統合の象徴であつて、この地位は、主権の存する日本国民の総意に基く。
第二条【皇位の継承】
　皇位は、世襲のものであつて、国会の議決した皇室典範の定めるところにより、これを継承する。
第三条【天皇の国事行為と内閣の責任】
　天皇の国事に関するすべての行為には、内閣の助言と承認を必要とし、内閣が、その責任を負ふ。
第四条【天皇の権能の限界、天皇の国事行為の委任】
1　天皇は、この憲法の定める国事に関する行為のみを行ひ、国政に関する権能を有しない。
2　天皇は、法律の定めるところにより、その国事に関する行為を委任することができる。
第五条【摂政】
　皇室典範の定めるところにより摂政を置くときは、摂政は、天皇の名でその国事に関する行為を行ふ。この場合には、前条第一項の規定を準用する。
第六条【天皇の任命権】
1　天皇は、国会の指名に基いて、内閣総理大臣を任命する。
2　天皇は、内閣の指名に基いて、最高裁判所の長たる裁判官を任命する。
第七条【天皇の国事行為】
　天皇は、内閣の助言と承認により、国民のために、左の国事に関する行為を行ふ。
一　憲法改正、法律、政令及び条約を公布すること。

二　国会を召集すること。
三　衆議院を解散すること。
四　国会議員の総選挙の施行を公示すること。
五　国務大臣及び法律の定めるその他の官吏の任免並びに全権委任状及び大使及び公使の信任状を認証すること。
六　大赦、特赦、減刑、刑の執行の免除及び復権を認証すること。
七　栄典を授与すること。
八　批准書及び法律の定めるその他の外交文書を認証すること。
九　外国の大使及び公使を接受すること。
十　儀式を行ふこと。

第八条【皇室の財産授受の制限】

皇室に財産を譲り渡し、又は皇室が、財産を譲り受け、若しくは賜与することは、国会の議決に基かなければならない。

第二章　戦争の放棄

第九条【戦争放棄、軍備及び交戦権の否認】

1　日本国民は、正義と秩序を基調とする国際平和を誠実に希求し、国権の発動たる戦争と、武力による威嚇又は武力の行使は、国際紛争を解決する手段としては、永久にこれを放棄する。

2　前項の目的を達するため、陸海空軍その他の戦力は、これを保持しない。国の交戦権は、これを認めない。

第三章　国民の権利及び義務

第一〇条【日本国民の要件】

日本国民たる要件は、法律でこれを定める。

第一一条【基本的人権の享有と性質】

国民は、すべての基本的人権の享有を妨げられない。この憲法が国民に保障する基本的人権は、侵すことのできない永久の権利として、現在及び将来の国民に与へられる。

第一二条【自由・権利の保持義務、濫用の禁止、利用の責任】

この憲法が国民に保障する自由及び権利は、国民の不断の努力によつて、これを保持しなければならない。又、国民は、これを濫用してはならないのであつて、常に公共の福祉のためにこれを利用する責任を負ふ。

第一三条【個人の尊重、生命・自由・幸福追求の権利の尊重】

すべて国民は、個人として尊重される。生命、自由及び幸福追求に対する国民の権利については、公共の福祉に反しない限り、立法その他の国政の上で、最大の尊重を必要とする。

第一四条【法の下の平等、貴族制度の否認、栄典の限界】

1　すべて国民は、法の下に平等であつて、人種、信条、性別、社会的身分又は門地により、政治的、経済的又は社会的関係において、差別されない。

2　華族その他の貴族の制度は、これを認めない。

3　栄誉、勲章その他の栄典の授与は、いかなる特権も伴はない。栄典の授与は、現にこれを有し、又は将来これを受ける者の一代に限り、その効力を有する。

第一五条【公務員の選定罷免権、公務員の性質、普通選挙と秘密投票の保障】

1　公務員を選定し、及びこれを罷免することは、国民固有の権利である。

2　すべて公務員は、全体の奉仕者であつて、一部の奉仕者ではない。

3　公務員の選挙については、成年者による普通選挙を保障する。

4　すべて選挙における投票の秘密は、これを侵してはならない。選挙人は、その選択に関し公的にも私的にも責任を問はれない。

第一六条【請願権】

何人も、損害の救済、公務員の罷免、法律、命令又は規則の制定、廃止又は改正その他の事項に関し、平穏に請願する権利を有し、何人も、かかる請願をしたためにいかなる差別待遇も受けない。

第一七条【国及び公共団体の賠償責任】

何人も、公務員の不法行為により、損害を受けたときは、法律の定めるところにより、国又は公共団体に、その賠償を求めることができる。

第一八条【奴隷的拘束及び苦役からの自由】

何人も、いかなる奴隷的拘束も受けない。又、犯罪に因る処罰の場合を除いては、その意に反する苦役に服させられない。

第一九条【思想及び良心の自由】

思想及び良心の自由は、これを侵してはならない。

第二〇条【信教の自由、国の宗教活動の禁止】

1　信教の自由は、何人に対してもこれを保障する。いかなる宗教団体も、国から特権を受け、又は政治上の権力を行使してはならない。

2　何人も、宗教上の行為、祝典、儀式又は行事に参加することを強制されない。

3　国及びその機関は、宗教教育その他いかなる宗教的活動もしてはならない。

第二一条【集会・結社・表現の自由、検閲の禁止、通信の秘密】

1　集会、結社及び言論、出版その他一切の表現の自由は、これを保障する。

2　検閲は、これをしてはならない。通信の秘密は、これを侵してはならない。

第二二条【居住・移転・職業選択の自由、外国移住・国籍離脱の自由】

1　何人も、公共の福祉に反しない限り、居住、移転及び職業選択の自由を有する。

2　何人も、外国に移住し、又は国籍を離脱する自由を侵されない。

第二三条【学問の自由】

学問の自由は、これを保障する。

第二四条【家族生活における個人の尊厳と両性の平等】

1　婚姻は、両性の合意のみに基いて成立し、夫婦が同等の権利を有することを基本として、相互の協力により、維持されなければならない。

2　配偶者の選択、財産権、相続、住居の選定、離婚並びに婚姻及び家族に関するその他の事項に関しては、法律は、個人の尊厳と両性の本質的平等に立脚して、制定されなければならない。

第二五条【生存権、国の生存権保障義務】

1　すべて国民は、健康で文化的な最低限度の生活を営む権利を有する。

2　国は、すべての生活部面について、社会福祉、社会保障及び公衆衛生の向上及び増進に努めなければならない。

第二六条【教育を受ける権利、教育の義務、義務教育の無償】

1　すべて国民は、法律の定めるところにより、その能力に応じて、ひとしく教育を受ける権利を有する。

2　すべて国民は、法律の定めるところにより、その保護する子女に普通教育を受けさせる義務を負ふ。義務教育は、これを無償とする。

第二七条【労働の権利・義務、労働条件の基準、児童酷使の禁止】

1　すべて国民は、勤労の権利を有し、義務を負ふ。
2　賃金、就業時間、休息その他の勤労条件に関する基準は、法律でこれを定める。
3　児童は、これを酷使してはならない。
第二八条【労働者の団結権・団体交渉権その他団体行動権】
　勤労者の団結する権利及び団体交渉その他の団体行動をする権利は、これを保障する。
第二九条【財産権の保障】
1　財産権は、これを侵してはならない。
2　財産権の内容は、公共の福祉に適合するやうに、法律でこれを定める。
3　私有財産は、正当な補償の下に、これを公共のために用ひることができる。
第三〇条【納税の義務】
　国民は、法律の定めるところにより、納税の義務を負ふ。
第三一条【法定手続の保障】
　何人も、法律の定める手続によらなければ、その生命若しくは自由を奪はれ、又はその他の刑罰を科せられない。
第三二条【裁判を受ける権利】
　何人も、裁判所において裁判を受ける権利を奪はれない。
第三三条【逮捕に対する保障】
　何人も、現行犯として逮捕される場合を除いては、権限を有する司法官憲が発し、且つ理由となつてゐる犯罪を明示する令状によらなければ、逮捕されない。
第三四条【抑留・拘禁に対する保障】
　何人も、理由を直ちに告げられ、且つ、直ちに弁護人に依頼する権利を与へられなければ、抑留又は拘禁されない。又、何人も、正当な理由がなければ、拘禁されず、要求があれば、その理由は、直ちに本人及びその弁護人の出席する公開の法廷で示されなければならない。

第三五条【住居侵入・捜索・押収に対する保障】

1　何人も、その住居、書類及び所持品について、侵入、捜索及び押収を受けることのない権利は、第三十三条の場合を除いては、正当な理由に基いて発せられ、且つ捜索する場所及び押収する物を明示する令状がなければ、侵されない。

2　捜索又は押収は、権限を有する司法官憲が発する各別の令状により、これを行ふ。

第三六条【拷問及び残虐な刑罰の禁止】

公務員による拷問及び残虐な刑罰は、絶対にこれを禁ずる。

第三七条【刑事被告人の諸権利】

1　すべて刑事事件においては、被告人は、公平な裁判所の迅速な公開裁判を受ける権利を有する。

2　刑事被告人は、すべての証人に対して審問する機会を充分に与へられ、又、公費で自己のために強制的手続により証人を求める権利を有する。

3　刑事被告人は、いかなる場合にも、資格を有する弁護人を依頼することができる。被告人が自らこれを依頼することができないときは、国でこれを附する。

第三八条【不利益な供述の強要禁止、自白の証拠能力】

1　何人も、自己に不利益な供述を強要されない。

2　強制、拷問若しくは脅迫による自白又は不当に長く抑留若しくは拘禁された後の自白は、これを証拠とすることができない。

3　何人も、自己に不利益な唯一の証拠が本人の自白である場合には、有罪とされ、又は刑罰を科せられない。

第三九条【刑罰法規の不遡及、二重刑罰の禁止】
何人も、実行の時に適法であつた行為又は既に無罪とされた行為については、刑事上の責任を問はれない。又、同一の犯罪について、重ねて刑事上の責任を問はれない。

第四〇条【刑事補償】
何人も、抑留又は拘禁された後、無罪の裁判を受けたときは、法律の定めるところにより、国にその補償を求めることができる。

第四章　国会

第四一条【国会の地位、立法権】
国会は、国権の最高機関であつて、国の唯一の立法機関である。

第四二条【両院制】
国会は、衆議院及び参議院の両議院でこれを構成する。

第四三条【両議院の組織】
1　両議院は、全国民を代表する選挙された議員でこれを組織する。
2　両議院の議員の定数は、法律でこれを定める。

第四四条【議員及び選挙人の資格】
両議院の議員及びその選挙人の資格は、法律でこれを定める。但し、人種、信条、性別、社会的身分、門地、教育、財産又は収入によつて差別してはならない。

第四五条【衆議院議員の任期】
衆議院議員の任期は、四年とする。但し、衆議院解散の場合には、その期間満了前に終了する。

第四六条【参議院議員の任期】
参議院議員の任期は、六年とし、三年ごとに議員の半数を改選する。

第四七条【選挙に関する事項の法定】

選挙区、投票の方法その他両議院の議員の選挙に関する事項は、法律でこれを定める。

第四八条【両議院議員兼職禁止】

何人も、同時に両議院の議員たることはできない。

第四九条【議員の歳費】

両議院の議員は、法律の定めるところにより、国庫から相当額の歳費を受ける。

第五〇条【議員の不逮捕特権】

両議院の議員は、法律の定める場合を除いては、国会の会期中逮捕されず、会期前に逮捕された議員は、その議院の要求があれば、会期中これを釈放しなければならない。

第五一条【議員の発言・表決の無責任】

両議院の議員は、議院で行つた演説、討論又は表決について、院外で責任を問はれない。

第五二条【常会】

国会の常会は、毎年一回これを召集する。

第五三条【臨時会】

内閣は、国会の臨時会の召集を決定することができる。いづれかの議院の総議員の四分の一以上の要求があれば、内閣は、その召集を決定しなければならない。

第五四条【衆議院の解散、特別会、参議院の緊急集会】

1　衆議院が解散されたときは、解散の日から四十日以内に、衆議院議員の総選挙を行ひ、その選挙の日から三十日以内に、国会を召集しなければならない。

2　衆議院が解散されたときは、参議院は、同時に閉会となる。但し、内閣は、国に緊急の必要があるときは、参議院の緊急集会を求めることができる。

3　前項但書の緊急集会において採られた措置は、臨時のものであつて、次の国会開会の後十日以内に、衆議院の同意がない場合には、その効力を失ふ。
第五五条【議員の資格争訟】
　両議院は、各々その議員の資格に関する争訟を裁判する。但し、議員の議席を失はせるには、出席議員の三分の二以上の多数による議決を必要とする。
第五六条【定足数・表決】
1　両議院は、各々その総議員の三分の一以上の出席がなければ、議事を開き議決することができない。
2　両議員の議事は、この憲法に特別の定のある場合を除いては、出席議員の過半数でこれを決し、可否同数のときは、議長の決するところによる。
第五七条【会議の公開、秘密会】
1　両議院の会議は、公開とする。但し、出席議員の三分の二以上の多数で議決したときは、秘密会を開くことができる。
2　両議院は、各々その会議の記録を保存し、秘密会の記録の中で特に秘密を要すると認められるもの以外は、これを公表し、且つ一般に頒布しなければならない。
3　出席議員の五分の一以上の要求があれば、各議員の表決は、これを会議録に記載しなければならない。
第五八条【役員の選任、議院規則、懲罰】
1　両議院は、各々その議長その他の役員を選任する。
2　両議院は、各々その会議その他の手続及び内部の規律に関する規則を定め、又、院内の秩序をみだした議員を懲罰することができる。但し、議員を除名するには、出席議員の三分の二以上の多数による議決を必要とする。
第五九条【法律案の議決、衆議院の優越】
1　法律案は、この憲法に特別の定のある場合を除いては、両議院で可決したとき法律となる。

２　衆議院で可決し、参議院でこれと異なつた議決をした法律案は、衆議院で出席議員の三分の二以上の多数で再び可決したときは、法律となる。

３　前項の規定は、法律の定めるところにより、衆議院が、両議院の協議会を開くことを求めることを妨げない。

４　参議院が、衆議院の可決した法律案を受け取つた後、国会休会中の期間を除いて六十日以内に、議決しないときは、衆議院は、参議院がその法律案を否決したものとみなすことができる。

第六〇条【衆議院の予算先議と優越】

１　予算は、さきに衆議院に提出しなければならない。

２　予算について、参議院で衆議院と異なつた議決をした場合に、法律の定めるところにより、両議院の協議会を開いても意見が一致しないとき、又は参議院が、衆議院の可決した予算を受け取つた後、国会休会中の期間を除いて三十日以内に、議決しないときは、衆議院の議決を国会の議決とする。

第六一条【条約の国会承認と衆議院の優越】

条約の締結に必要な国会の承認については、前条第二項の規定を準用する。

第六二条【議院の国政調査権】

両議院は、各々国政に関する調査を行ひ、これに関して、証人の出頭及び証言並びに記録の提出を要求することができる。

第六三条【国務大臣の議院出席】

内閣総理大臣その他の国務大臣は、両議院の一に議席を有すると有しないとにかかはらず、何時でも議案について発言するため議院に出席することができる。又、答弁又は説明のため出席を求められたときは、出席しなければならない。

第六四条【弾劾裁判所】

1　国会は、罷免の訴追を受けた裁判官を裁判するため、両議院の議員で組織する弾劾裁判所を設ける。

2　弾劾に関する事項は、法律でこれを定める。

第五章　内閣

第六五条【行政権と内閣】

行政権は、内閣に属する。

第六六条【内閣の組織】

1　内閣は、法律の定めるところにより、その首長たる内閣総理大臣及びその他の国務大臣でこれを組織する。

2　内閣総理大臣その他の国務大臣は、文民でなければならない。

3　内閣は、行政権の行使について、国会に対し連帯して責任を負ふ。

第六七条【内閣総理大臣の指名、衆議院の優越】

1　内閣総理大臣は、国会議員の中から国会の議決で、これを指名する。この指名は、他のすべての案件に先だつて、これを行ふ。

2　衆議院と参議院とが異なつた指名の議決をした場合に、法律の定めるところにより、両議院の協議会を開いても意見が一致しないとき、又は衆議院が指名の議決をした後、国会休会中の期間を除いて十日以内に、参議院が、指名の議決をしないときは、衆議院の議決を国会の議決とする。

第六八条【国務大臣の任免】

1　内閣総理大臣は、国務大臣を任命する。但し、その過半数は、国会議員の中から選ばれなければならない。

2　内閣総理大臣は、任意に国務大臣を罷免することができる。

第六九条【衆議院の内閣不信任】
内閣は、衆議院で不信任の決議案を可決し、又は信任の決議案を否決したときは、十日以内に衆議院が解散されない限り、総辞職をしなければならない。
第七〇条【内閣総理大臣の欠缺又は総選挙後の総辞職】
内閣総理大臣が欠けたとき、又は衆議院議員総選挙の後に初めて国会の召集があつたときは、内閣は、総辞職をしなければならない。
第七一条【総辞職後の内閣の職務】
前二条の場合には、内閣は、あらたに内閣総理大臣が任命されるまで引き続きその職務を行ふ。
第七二条【内閣総理大臣の職務】
内閣総理大臣は、内閣を代表して議案を国会に提出し、一般国務及び外交関係について国会に報告し、並びに行政各部を指揮監督する。
第七三条【内閣の事務】
内閣は、他の一般行政事務の外、左の事務を行ふ。
一　法律を誠実に執行し、国務を総理すること。
二　外交関係を処理すること。
三　条約を締結すること。但し、事前に、時宜によつては事後に、国会の承認を経ることを必要とする。
四　法律の定める基準に従ひ、官吏に関する事務を掌理すること。
五　予算を作成して国会に提出すること。
六　この憲法及び法律の規定を実施するために、政令を制定すること。但し、政令には、特にその法律の委任がある場合を除いては、罰則を設けることができない。
七　大赦、特赦、減刑、刑の執行の免除及

び復権を決定すること。

第七四条【法律・政令の署名・連署】
法律及び政令には、すべて主任の国務大臣が署名し、内閣総理大臣が連署することを必要とする。

第七五条【国務大臣の訴追】
国務大臣は、その在任中、内閣総理大臣の同意がなければ、訴追されない。但し、これがため、訴追の権利は、害されない。

第六章　司法

第七六条【司法権、裁判所、特別裁判所の禁止、裁判官の独立】
1　すべて司法権は、最高裁判所及び法律の定めるところにより設置する下級裁判所に属する。
2　特別裁判所は、これを設置することができない。行政機関は、終審として裁判を行ふことができない。
3　すべて裁判官は、その良心に従ひ独立してその職権を行ひ、この憲法及び法律にのみ拘束される。

第七七条【最高裁判所の規則制定権】
1　最高裁判所は、訴訟に関する手続、弁護士、裁判所の内部規律及び司法事務処理に関する事項について、規則を定める権限を有する。
2　検察官は、最高裁判所の定める規則に従はなければならない。
3　最高裁判所は、下級裁判所に関する規則を定める権限を、下級裁判所に委任することができる。

第七八条【裁判官の身分保障】
裁判官は、裁判により、心身の故障のために職務を執ることができないと決定された場合を除いては、公の弾劾によらなければ罷免されない。裁判官の懲戒処分は、行政機関がこれを行ふことはできない。

第七九条【最高裁判所の構成、最高裁判所の裁判官】

1　最高裁判所は、その長たる裁判官及び法律の定める員数のその他の裁判官でこれを構成し、その長たる裁判官以外の裁判官は、内閣でこれを任命する。

2　最高裁判所の裁判官の任命は、その任命後初めて行はれる衆議院議員総選挙の際国民の審査に付し、その後十年を経過した後初めて行はれる衆議院議員総選挙の際更に審査に付し、その後も同様とする。

3　前項の場合において、投票者の多数が裁判官の罷免を可とするときは、その裁判官は、罷免される。

4　審査に関する事項は、法律でこれを定める。

5　最高裁判所の裁判官は、法律の定める年齢に達した時に退官する。

6　最高裁判所の裁判官は、すべて定期に相当額の報酬を受ける。この報酬は、在任中、これを減額することができない。

第八〇条【下級裁判所の裁判官】

1　下級裁判所の裁判官は、最高裁判所の指名した者の名簿によつて、内閣でこれを任命する。その裁判官は、任期を十年とし、再任されることができる。但し、法律の定める年齢に達した時には退官する。

2　下級裁判所の裁判官は、すべて定期に相当額の報酬を受ける。この報酬は、在任中、これを減額することができない。

第八一条【法令などの合憲性審査権】

最高裁判所は、一切の法律、命令、規則又は処分が憲法に適合するかしないかを決定する権限を有する終審裁判所である。

第八二条【裁判の公開】

1　裁判の対審及び判決は、公開法廷でこれを行ふ。
2　裁判所が、裁判官の全員一致で、公の秩序又は善良の風俗を害する虞があると決した場合には、対審は、公開しないでこれを行ふことができる。但し、政治犯罪、出版に関する犯罪又はこの憲法第三章で保障する国民の権利が問題となつてゐる事件の対審は、常にこれを公開しなければならない。

第七章　財政

第八三条【財政処理の権限】
国の財政を処理する権限は、国会の議決に基いて、これを行使しなければならない。
第八四条【課税の要件】
あらたに租税を課し、又は現行の租税を変更するには、法律又は法律の定める条件によることを必要とする。
第八五条【国費支出と国の債務負担】
国費を支出し、又は国が債務を負担するには、国会の議決に基くことを必要とする。
第八六条【予算の作成と国会の議決】
内閣は、毎会計年度の予算を作成し、国会に提出して、その審議を受け議決を経なければならない。
第八七条【予備費】
1　予見し難い予算の不足に充てるため、国会の議決に基いて予備費を設け、内閣の責任でこれを支出することができる。
2　すべて予備費の支出については、内閣は、事後に国会の承諾を得なければならない。
第八八条【皇室財産・皇室費用】
すべて皇室財産は、国に属する。すべて皇室の費用は、予算に計上して国会の議決を経なければならない。

第八九条【公の財産の支出利用の制限】
公金その他の公の財産は、宗教上の組織若しくは団体の使用、便益若しくは維持のため、又は公の支配に属しない慈善、教育若しくは博愛の事業に対し、これを支出し、又はその利用に供してはならない。

第九〇条【決算・会計検査院】
1　国の収入支出の決算は、すべて毎年会計検査院がこれを検査し、内閣は、次の年度に、その検査報告とともに、これを国会に提出しなければならない。
2　会計検査院の組織及び権限は、法律でこれを定める。

第九一条【財政状況の報告】
内閣は、国会及び国民に対し、定期に、少くとも毎年一回、国の財政状況について報告しなければならない。

第八章　地方自治

第九二条【地方自治の基本原則】
地方公共団体の組織及び運営に関する事項は、地方自治の本旨に基いて、法律でこれを定める。

第九三条【地方公共団体の議会】
1　地方公共団体には、法律の定めるところにより、その議事機関として議会を設置する。
2　地方公共団体の長、その議会の議員及び法律の定めるその他の吏員は、その地方公共団体の住民が、直接これを選挙する。

第九四条【地方公共団体の権能】
地方公共団体は、その財産を管理し、事務を処理し、及び行政を執行する権能を有し、法律の範囲内で条例を制定することができる。

第九五条【特別法の住民投票】

一の地方公共団体のみに適用される特別法は、法律の定めるところにより、その地方公共団体の住民の投票においてその過半数の同意を得なければ、国会は、これを制定することができない。

第九章　改正

第九六条【憲法改正の手続】

1　この憲法の改正は、各議院の総議員の三分の二以上の賛成で、国会が、これを発議し、国民に提案してその承認を経なければならない。この承認には、特別の国民投票又は国会の定める選挙の際行はれる投票において、その過半数の賛成を必要とする。

2　憲法改正について前項の承認を経たときは、天皇は、国民の名で、この憲法と一体を成すものとして、直ちにこれを公布する。

第十章　最高法規

第九七条【基本的人権の本質】

この憲法が日本国民に保障する基本的人権は、人類の多年にわたる自由獲得の努力の成果であつて、これらの権利は、過去幾多の試錬に堪へ、現在及び将来の国民に対し、侵すことのできない永久の権利として信託されたものである。

第九八条【憲法の最高法規性、条約・国際法規の遵守】

1　この憲法は、国の最高法規であつて、その条規に反する法律、命令、詔勅及び国務に関するその他の行為の全部又は一部は、その効力を有しない。

2　日本国が締結した条約及び確立された国際法規は、これを誠実に遵守することを必要とする。

第九九条【憲法尊重擁護の義務】
天皇又は摂政及び国務大臣、国会議員、裁判官その他の公務員は、この憲法を尊重し擁護する義務を負ふ。

第十一章　補則

第一〇〇条【施行期日】
1　この憲法は、公布の日から起算して六箇月を経過した日から、これを施行する。
2　この憲法を施行するために必要な法律の制定、参議院議員の選挙及び国会召集の手続並びにこの憲法を施行するために必要な準備手続は、前項の期日よりも前に、これを行ふことができる。

第一〇一条【国会に関する経過規定】
この憲法施行の際、参議院がまだ成立してゐないときは、その成立するまでの間、衆議院は、国会としての権限を行ふ。

第一〇二条【第一期参議院議員の任期】
この憲法による第一期の参議院議員のうち、その半数の者の任期は、これを三年とする。その議員は、法律の定めるところにより、これを定める。

第一〇三条【公務員に関する経過規定】
この憲法施行の際現に在職する国務大臣、衆議院議員及び裁判官並びにその他の公務員で、その地位に相応する地位がこの憲法で認められてゐる者は、法律で特別の定をした場合を除いては、この憲法施行のため、当然にはその地位を失ふことはない。但し、この憲法によつて、後任者が選挙又は任命されたときは、当然その地位を失ふ。

『「現行日本国憲法」をどう考えるべきか』大川隆法著作関連書籍

『新・日本国憲法 試案』（幸福の科学出版刊）
『保守の正義とは何か』（同右）
『今上天皇・元首の本心 守護霊メッセージ』（同右）
『守護霊インタビュー 皇太子殿下に次期天皇の自覚を問う』（同右）
『皇室の未来を祈って――皇太子妃・雅子さまの守護霊インタビュー――』（同右）
『守護霊インタビュー タイ・インラック首相から日本へのメッセージ』（同右）
『比較宗教学から観た「幸福の科学」学・入門』（同右）
『宮澤喜一元総理の霊言』（幸福実現党刊）
『国家社会主義への警鐘』（同右）
『財務省のスピリチュアル診断』（同右）

「現行日本国憲法《げんこうにほんこくけんぽう》」をどう考《かんが》えるべきか

――天皇制、第九条、そして議院内閣制――

2014年2月6日　初版第1刷

著　者　大《おお》川《かわ》隆《りゅう》法《ほう》

発行所　幸福の科学出版株式会社

〒107-0052 東京都港区赤坂2丁目10番14号
TEL(03)5573-7700
http://www.irhpress.co.jp/

印刷・製本　株式会社 東京研文社

落丁・乱丁本はおとりかえいたします

ISBN978-4-86395-435-9 C0030

大川隆法 ベストセラーズ・幸福実現党宣言シリーズ

新・日本国憲法試案

幸福実現党宣言④

大統領制の導入、防衛軍の創設、公務員への能力制導入など、日本の未来を切り開く「新しい憲法」を提示する。

1,200円

幸福実現党宣言

この国の未来をデザインする

政治と宗教の真なる関係、「日本国憲法」を改正すべき理由など、日本が世界を牽引するために必要な、国家運営のあるべき姿を指し示す。

1,600円

政治の理想について

幸福実現党宣言②

幸福実現党の立党理念、政治の最高の理想、三億人国家構想、交通革命への提言など、この国と世界の未来を語る。

1,800円

政治に勇気を

幸福実現党宣言③

霊査によって明かされる「北朝鮮の野望」とは？ 気概のない政治家に活を入れる一書。孔明の霊言も収録。

1,600円

夢のある国へ――幸福維新

幸福実現党宣言⑤

日本をもう一度、高度成長に導く政策、アジアに平和と繁栄をもたらす指針など、希望の未来への道筋を示す。

1,600円

※表示価格は本体価格（税別）です。

大川隆法 ベストセラーズ・法学・政治学の権威が語る

憲法改正への異次元発想

憲法学者 NOW・
芦部信喜 元東大教授の霊言

憲法九条改正、天皇制、政教分離、そして靖国問題……。参院選最大の争点「憲法改正」について、憲法学の権威が、天上界から現在の見解を語る。　【幸福実現党刊】

1,400 円

スピリチュアル政治学要論

佐藤誠三郎・元東大政治学教授の
霊界指南

憲法九条改正に議論の余地はない。生前、中曽根内閣のブレーンをつとめた佐藤元東大教授が、危機的状況にある現代日本政治にメッセージ。

1,400 円

篠原一東大名誉教授
「市民の政治学」その後

幸福実現党の時代は来るか

リベラル派の政治家やマスコミの学問的支柱となった東大名誉教授。その守護霊が戦後政治を総括し、さらに幸福実現党への期待を語る。　【幸福実現党刊】

1,400 円

「特定秘密保護法」を
どう考えるべきか

藤木英雄・元東大法学部教授の
緊急スピリチュアルメッセージ

戦争の抑止力として、絶対、この法律は必要だ！ 世論を揺るがす「特定秘密保護法」の是非を、刑法学の大家が天上界から〝特別講義〟。

1,400 円

幸福の科学出版

大川隆法 ベストセラーズ・天皇制のあり方をめぐって

今上天皇・元首の本心 守護霊メッセージ

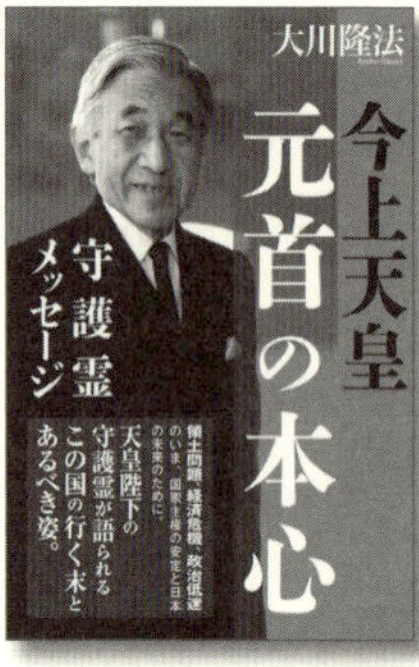

竹島、尖閣の領土問題から、先の大戦と歴史認識問題、そして、民主党政権等について、天皇陛下の守護霊が自らの考えを語られる。

1,600円

守護霊インタビュー 皇太子殿下に次期天皇の自覚を問う

皇室の未来について、皇太子殿下のご本心を守護霊に伺う。問題の「山折論文」についての考えから、皇位継承へのご意見、雅子さまへの思いまで。

1,400円

皇室の未来を祈って

皇太子妃・雅子さまの守護霊インタビュー

ご結婚の経緯、日本神道との関係、現在のご心境など、雅子妃の本心が語られる。日本の皇室の「末永い繁栄」を祈って編まれた一書。

1,400円

※表示価格は本体価格(税別)です。

大川隆法 ベストセラーズ・「幸福の科学大学」が目指すもの

宗教学から観た「幸福の科学」学・入門

立宗27年目の未来型宗教を分析する

幸福の科学とは、どんな宗教なのか。教義や活動の特徴とは？ 他の宗教との違いとは？ 総裁自らが、宗教学の見地から「幸福の科学」を分析する。

1,500円

「未来創造学」入門

未来国家を構築する新しい法学・政治学

政治とは、創造性・可能性の芸術である。どのような政治が行われたら、国民が幸福になるのか。政治・法律・税制のあり方を問い直す。

1,500円

プロフェッショナルとしての国際ビジネスマンの条件

実用英語だけでは、国際社会で通用しない！ 語学力と教養を兼ね備えた真の国際人をめざし、日本人が世界で活躍するための心構えを語る。

1,500円

仏教学から観た「幸福の科学」分析

東大名誉教授・中村元と仏教学者・渡辺照宏のパースペクティブ（視覚）から

仏教は「無霊魂説」ではない！ 仏教学の権威 中村元氏の死後14年目の衝撃の真実と、渡辺照宏氏の天上界からのメッセージを収録。

1,500円

※表示価格は本体価格（税別）です。

大川隆法ベストセラーズ・「幸福の科学大学」が目指すもの

幸福の科学の基本教義とは何か

真理と信仰をめぐる幸福論

進化し続ける幸福の科学――本当の幸福とは何か。永遠の真理とは？ 信仰とは何なのか？ 総裁自らが説き明かす未来型宗教を知るためのヒント。

1,500円

「ユング心理学」を宗教分析する

「人間幸福学」から見た心理学の功罪

なぜ、ユングは天上界に還ったのか。どうして、フロイトは地獄に堕ちたのか。分析心理学の創始者が語る、現代心理学の問題点とは。

1,500円

湯川秀樹のスーパーインスピレーション

無限の富を生み出す「未来産業学」

イマジネーション、想像と仮説、そして直観――。日本人初のノーベル賞を受賞した天才物理学者が語る、未来産業学の無限の可能性とは。

1,500円

比較宗教学から観た「幸福の科学」学・入門

性のタブーと結婚・出家制度

同性婚、代理出産、クローンなど、人類の新しい課題への答えとは？ 未来志向の「正しさ」を求めて、比較宗教学の視点から、仏陀の真意を検証する。

1,500円

大川隆法霊言シリーズ・**最新刊**

「正しき心の探究」の大切さ

靖国参拝批判、中・韓・米の歴史認識……。「真実の歴史観」と「神の正義」とは何かを示し、日本に立ちはだかる問題を解決する、2014年新春提言。

1,500円

日本外交の盲点

外交評論家
岡崎久彦守護霊メッセージ

日米同盟、中国・朝鮮半島問題、シーレーン防衛。外交の第一人者の守護霊が指南する「2014年 日本外交」の基本戦略! 衝撃の過去世も明らかに。

1,400円

守護霊インタビュー
タイ・インラック首相から日本へのメッセージ

英語霊言
日本語訳付き

民主化を妨げる伝統仏教の弊害。イスラム勢力による紛争。中国の脅威──。政治的混乱に苦しむインラック首相守護霊からのメッセージとは。

1,400円

幸福の科学出版

2015年開学予定!

HSU 幸福の科学大学

（仮称）設置認可申請予定

幸福の科学大学は、日本の未来と世界の繁栄《はんえい》を拓《ひら》く
「世界に通用する人材」「徳あるリーダー」を育てます。

校舎棟イメージ図

幸福の科学大学が担う使命

「ユートピアの礎《いしずえ》」

各界を変革しリードする、徳《とく》ある英才·真のエリートを連綿《れんめん》と輩出《はいしゅつ》し続けます。

「未来国家創造の基礎《きそ》」

信仰心《しんこうしん》·宗教的価値観を肯定《こうてい》しつつ、科学技術の発展や
社会の繁栄《はんえい》を志向《しこう》する、新しい国づくりを目指します。

「新文明の源流」

「霊界《れいかい》」と「宇宙」の解明を目指し、新しい地球文明·文化のあり方を
創造·発信し続けます。

幸福の科学大学の魅力

1 夢にチャレンジする大学

今世《こんぜ》の「使命」と「志《こころざし》」の発見をサポートし、学生自身の
個性や強みに基づいた人生計画の設計と実現への
道筋を明確に描きます。

2 真の教養を身につける大学

仏法真理を徹底的に学びつつ心の修行を重ね、
魂の器《うつわ》を広げます。仏法真理を土台に、
正しい価値判断ができる真の教養人を目指します。

3 実戦力を鍛える大学

実戦《じっせん》レベルまで専門知識を高め、第一線で活躍する
リーダーと交流を持つことによって、現場感覚や
実戦力を鍛《きた》え、成果を伴《ともな》う学問を究《きわ》めます。

4 世界をひとつにする大学

自分の意見や考えを英語で伝える発信力を身につけ、
宗教や文化の違いを越えて、人々を魂レベルで
感化《かんか》できるグローバル・リーダーを育てます。

5 未来を創造する大学

未来社会や未来産業の姿を描き、そこから実現に必要な
新発見・新発明を導き出します。過去の思想や学問を
総決算し、新文明の創造を目指します。

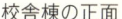

校舎棟の正面

学生寮

大学完成イメージ

Noblesse《ノーブレス》 Oblige《オブリージ》

「高貴なる義務」を果たす、
「真のエリート」を目指せ。

幸福の科学学園
中学校・高等学校（那須本校）

Happy Science Academy Junior and Senior High School

私は、
教育が人間を創ると
信じている一人である。
若い人たちに、
夢とロマンと、精進、
勇気の大切さを伝えたい。
この国を、全世界を、
ユートピアに変えていく力を
出してもらいたいのだ。

（幸福の科学学園 創立記念碑より）

幸福の科学学園 創立者
大川隆法

幸福の科学学園（那須本校）は、幸福の科学の教育理念のもとにつくられた、男女共学、全寮制の中学校・高等学校です。自由闊達な校風のもと、「高度な知性」と「徳育」を融合させ、社会に貢献するリーダーの養成を目指しており、2013年4月には開校三周年を迎えました。

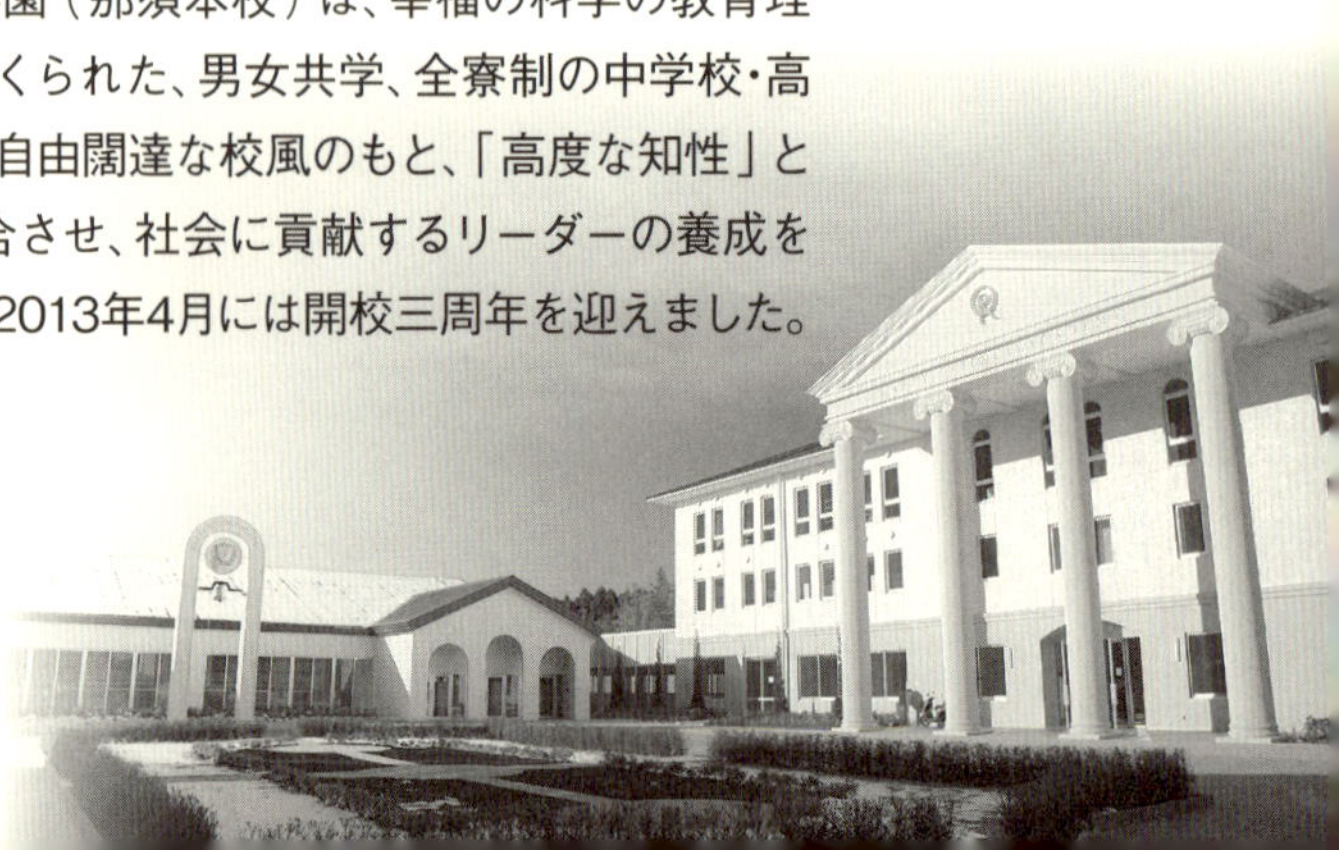

幸福の科学グループの教育事業

Noblesse《ノーブレス》 Oblige《オブリージ》

「高貴なる義務」を果たす、
「真のエリート」を目指せ。

2013年 春 開校

幸福の科学学園 関西中学校・高等学校

Happy Science Academy
Kansai Junior and Senior High School

私は日本に
真のエリート校を創り、
世界の模範としたい
という気概に満ちている。
『幸福の科学学園』は、
私の『希望』であり、
『宝』でもある。
世界を変えていく、
多才かつ多彩な人材が、
今後、数限りなく
輩出されていくことだろう。
（幸福の科学学園関西校 創立記念碑より）

幸福の科学学園 創立者
大川隆法

滋賀県大津市、美しい琵琶湖の西岸に建つ幸福の科学学園（関西校）は、男女共学、通学も入寮も可能な中学校・高等学校です。発展・繁栄を校風とし、宗教教育や企業家教育を通して、学力と企業家精神、徳力を備えた、未来の世界に責任を持つ「世界のリーダー」を輩出することを目指しています。

幸福の科学学園・教育の特色

「徳ある英才」の創造

教科「宗教」で真理を学び、行事や部活動、寮を含めた学校生活全体で実修して、ノーブレス・オブリージ(高貴なる義務)を果たす「徳ある英才」を育てていきます。

体育祭

天分を伸ばす「創造性教育」

教科「探究創造」で、偉人学習に力を入れると共に、日本文化や国際コミュニケーションなどの教養教育を施すことで、各自が自分の使命・理想像を発見できるよう導きます。さらに高大連携教育で、知識のみならず、知識の応用能力も磨き、企業家精神も養成します。芸術面にも力を入れます。

探究創造科発表会

一人ひとりの進度に合わせた「きめ細やかな進学指導」

熱意溢れる上質の授業をベースに、一人ひとりの強みと弱みを分析して対策を立てます。強みを伸ばす「特別講習」や、弱点を分かるところまでさかのぼって克服する「補講」や「個別指導」で、第一志望に合格する進学指導を実現します。

授業の様子

自立心と友情を育てる「寮制」

寮は、真なる自立を促し、信じ合える仲間をつくる場です。親元を離れ、団体生活を送ることで、縦・横の関係を学び、力強い自立心と友情、社会性を養います。

毎朝夕のお祈りの時間

幸福の科学学園の進学指導

1 英数先行型授業

受験に大切な英語と数学を特に重視。「わかる」(解法理解)まで教え、「できる」(解法応用)、「点がとれる」(スピード訓練)まで繰り返し演習しながら、高校三年間の内容を高校二年までにマスター。高校二年からの文理別科目も余裕で仕上げられる効率的学習設計です。

2 習熟度別授業

英語・数学は、中学一年から習熟度別クラス編成による授業を実施。生徒のレベルに応じてきめ細やかに指導します。各教科ごとに作成された学習計画と、合格までのロードマップに基づいて、大学受験に向けた学力強化を図ります。

3 基礎力強化の補講と個別指導

基礎レベルの強化が必要な生徒には、放課後や夕食後の時間に、英数中心の補講を実施。特に数学においては、授業の中で行われる確認テストで合格に満たない場合は、できるまで徹底した補講を行います。さらに、カフェテリアなどでの質疑対応の形で個別指導も行います。

4 特別講習

夏期・冬期の休業中には、中学一年から高校二年まで、特別講習を実施。中学生は国・数・英の三教科を中心に、高校一年からは五教科でそれぞれ実力別に分けた講座を開講し、実力養成を図ります。高校二年からは、春期講習会も実施し、大学受験に向けて、より強化します。

5 幸福の科学大学(仮称・設置認可申請予定)への進学

二〇一五年四月開学予定の幸福の科学大学への進学を目指す生徒を対象に、推薦制度を設ける予定です。留学用英語や専門基礎の先取りなど、社会で役立つ学問の基礎を指導します。

授業の様子

詳しい内容、パンフレット、募集要項のお申し込みは下記まで。

幸福の科学学園 関西中学校・高等学校

〒520-0248
滋賀県大津市仰木の里東2-16-1
TEL.077-573-7774
FAX.077-573-7775
[公式サイト]
www.kansai.happy-science.ac.jp
[お問い合わせ]
info-kansai@happy-science.ac.jp

幸福の科学学園 中学校・高等学校

〒329-3434
栃木県那須郡那須町梁瀬 487-1
TEL.0287-75-7777
FAX.0287-75-7779
[公式サイト]
www.happy-science.ac.jp
[お問い合わせ]
info-js@happy-science.ac.jp

仏法真理塾

サクセスNo.1

未来の菩薩を育て、仏国土ユートピアを目指す！

仏法真理塾「サクセスNo.1」とは

宗教法人幸福の科学による信仰教育の機関です。信仰教育・徳育にウエイトを置きつつ、将来、社会人として活躍するための学力養成にも力を注いでいます。

サクセスNo.1 東京本校（戸越精舎内）

「サクセスNo.1」のねらいには、「仏法真理と子どもの教育面での成長とを一体化させる」ということが根本にあるのです。

大川隆法総裁　御法話「『サクセスNo.1』の精神」より

仏法真理塾「サクセスNo.1」の教育について

信仰教育が育む健全な心

御法話拝聴や祈願、経典の学習会などを通して、仏の子としての「正しい心」を学びます。

学業修行で学力を伸ばす

忍耐力や集中力、克己心を磨き、努力によって道を拓く喜びを体得します。

法友との交流で友情を築く

塾生同士の交流も活発です。お互いに信仰の価値観を共有するなかで、深い友情が育まれます。

●サクセスNo.1は全国に、本校・拠点・支部校を展開しています。

東京本校	TEL.03-5750-0747	FAX.03-5750-0737
名古屋本校	TEL.052-930-6389	FAX.052-930-6390
大阪本校	TEL.06-6271-7787	FAX.06-6271-7831
京滋本校	TEL.075-694-1777	FAX.075-661-8864
神戸本校	TEL.078-381-6227	FAX.078-381-6228
西東京本校	TEL.042-643-0722	FAX.042-643-0723
札幌本校	TEL.011-768-7734	FAX.011-768-7738
福岡本校	TEL.092-732-7200	FAX.092-732-7110
宇都宮本校	TEL.028-611-4780	FAX.028-611-4781
高松本校	TEL.087-811-2775	FAX.087-821-9177
沖縄本校	TEL.098-917-0472	FAX.098-917-0473
広島拠点	TEL.090-4913-7771	FAX.082-533-7733
岡山拠点	TEL.086-207-2070	FAX.086-207-2033
北陸拠点	TEL.080-3460-3754	FAX.076-464-1341
大宮拠点	TEL.048-778-9047	FAX.048-778-9047

全国支部校のお問い合わせは、
サクセスNo.1 東京本校（TEL. 03-5750-0747）まで。
メール info@success.irh.jp

エンゼルプランV

信仰教育をベースに、知育や創造活動も行っています。

信仰に基づいて、幼児の心を豊かに育む情操教育を行っています。また、知育や創造活動を通して、ひとりひとりの子どもの個性を大切に伸ばします。お母さんたちの心の交流の場ともなっています。

TEL 03-5750-0757　FAX 03-5750-0767
メール angel-plan-v@kofuku-no-kagaku.or.jp

ネバー・マインド

不登校の子どもたちを支援するスクール。

「ネバー・マインド」とは、幸福の科学グループの不登校児支援スクールです。「信仰教育」と「学業支援」「体力増強」を柱に、合宿をはじめとするさまざまなプログラムで、再登校へのチャレンジと、進路先の受験対策指導、生活リズムの改善、心の通う仲間づくりを応援します。

TEL 03-5750-1741　FAX 03-5750-0734
メール nevermind@happy-science.org

ユー・アー・エンゼル!(あなたは天使!)運動

障害児の不安や悩みに取り組み、ご両親を励まし、勇気づける、障害児支援のボランティア運動です。学生や経験豊富なボランティアを中心に、全国各地で、障害児向けの信仰教育を行っています。保護者向けには、交流会や、医療者・特別支援教育者による勉強会、メール相談を行っています。

TEL 03-5750-1741　FAX 03-5750-0734
メール you-are-angel@happy-science.org

シニア・プラン21

生涯反省で人生を再生・新生し、希望に満ちた生涯現役人生を生きる仏法真理道場です。週1回、開催される研修には、年齢を問わず、多くの方が参加しています。現在、全国8カ所(東京、名古屋、大阪、福岡、新潟、仙台、札幌、千葉)で開校中です。

東京校 TEL 03-6384-0778　FAX 03-6384-0779
メール senior-plan@kofuku-no-kagaku.or.jp

入会のご案内

あなたも、幸福の科学に集い、
ほんとうの幸福を
見つけてみませんか？

幸福の科学では、大川隆法総裁が説く仏法真理をもとに、
「どうすれば幸福になれるのか、また、
他の人を幸福にできるのか」を学び、実践しています。

入会

大川隆法総裁の教えを信じ、学ぼうとする方なら、どなたでも入会できます。入会された方には、『入会版「正心法語」』が授与されます。（入会の奉納は1,000円目安です）

ネットでも**入会**
できます。詳しくは、
下記URLへ。
happy-science.jp/joinus

三帰《さんき》誓願《せいがん》

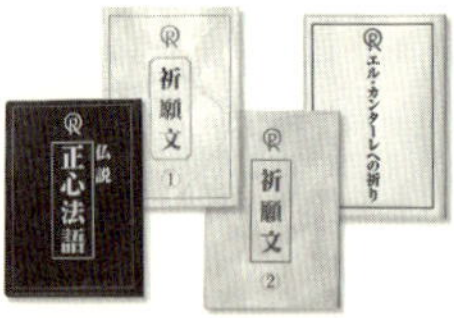

仏弟子としてさらに信仰を深めたい方は、仏・法・僧の三宝への帰依を誓う「三帰誓願式」を受けることができます。三帰誓願者には、『仏説・正心法語』『祈願文①』『祈願文②』『エル・カンターレへの祈り』が授与されます。

植福《しょくふく》の会

植福は、ユートピア建設のために、自分の富を差し出す尊い布施の行為です。布施の機会として、毎月1口1,000円からお申込みいただける、「植福の会」がございます。

「植福の会」に参加された方のうちご希望の方には、幸福の科学の小冊子（毎月1回）をお送りいたします。詳しくは、下記の電話番号までお問い合わせください。

月刊
「幸福の科学」

ザ・伝道

ヤング・ブッダ

ヘルメス・
エンゼルズ

INFORMATION
幸福の科学サービスセンター
TEL. 03-5793-1727（受付時間 火〜金：10〜20時／土・日：10〜18時）
宗教法人 幸福の科学 公式サイト **happy-science.jp**